凛《りん》とした生き方

自分の人生、自分で決める

金 美齢

PHP文庫

○本表紙図柄＝ロゼッタ・ストーン（大英博物館蔵）
○本表紙デザイン＋紋章＝上田晃郷

まえがき

この二月に、私は喜寿を迎えた。

短命の家系なので、長生きはできないと思っていた。なのに、まだ現役で働いている。

昨年十一月のある日、朝十時半に那覇を発《た》って、羽田乗り換えで旭川へ。旭川空港から車で五十分の上川町で夕方講演。翌日、旭川から羽田経由で福岡へ。温度差二十度の中を行ったり来たり。皆が心配したが、北海道は屋内が暖かく、寒いのは車に乗るまで、ほんの一瞬だった。

この作品の初版『自分の人生、自分で決める』（講談社・一九九八年）が世に出て十三年。当時六十四歳だった私はすでに、「どうして、そんなにいつも元気なんですか？　何か特別な健康法でも？」（96ページ）と質問を受けていた。

その状態が変わりなく続いている。基本的には、その間、ずっと同じライフ・

スタイルを貫いているからであろう。特別のことをやっているわけでもない。ただ「健康に悪い習慣がない」ということだけは確かなのだ。

煙草は若かりしころ、好奇心で一回吸ってみた。それがあまりにも不味《まず》くて、それ以来手を出したことはない。

アルコール類も、中年になるまで、ほとんど興味がなかった。酒の出る場は決して嫌いではなく、自分は飲まなくても、けっこう酔っぱらった気分になる。そのうち、つれあいにつきあって少し嗜《たしな》むようになり、今ではほどほどに飲む。人生の楽しみのひとつが増えて、人間いつまでも成長するもんだと、勝手に解釈して、喜んでいる。

食いしん坊だけど暴食はしない。ときどき「トシの割にはよく食べるね」と言われるが……。とにかく家族全員「肉食動物」。今どきの草食系と少々違うのである。

ギャンブルは一切しない。そもそもクジ運のまったくない人間で、「棚からボタ餅」の思いをしたことがない。自分の判断と努力を続けていけばそれなりに報われる。実は、この歳でまだ働いている自分の姿は想定外であった。

来日して五十二年になる。

外国に居住する者として、絶対に必要だと思ったのは「危機管理」。留学生時代からろくな家財道具もないのに火災保険に入っていた。結婚して娘が生まれたとき、つれあいはすぐ生命保険に入ると言った。「貴女《あなた》はひとりなら、何をやっても生きていけるが、乳呑児《ちのみご》を抱えていたら、そうもいかないだろうから、万一のことを考えて」と。

私たち夫婦は車を持ったことがない。東京に住んでいれば必要ないし、何しろメカ音痴なので、運転の才能もない。つれあいは不思議な人で、理系なのに、抽象には強いが、道具は一切ダメなのだ。車は便利な反面、下手をすると凶器にもなる。「触らぬ神に祟《たた》りなし」と、敬して遠ざけている。

米村敏朗前警視総監のコラム（『産経新聞』）で読んだのだが、危機管理とは「Prepare for the worst.」（最悪に備えよ）。

これは私の持論でもある。ずっと同じことを言ってきた。最悪に備えていれば、いざというときにあわてなくてもすむ。人生、最悪のことは滅多に起きるわけではない。逆もまた同じ。普通は最大公約数的な結末になる。それでも「備えあれば憂いなし」。僥倖《ぎょうこう》があれば「ラッキー」と喜べばよい。

メカ音痴だから、今流行《はや》りのツールにも手を出さない。ケイタイさえ持ってないのだからツイッターなんて……。自称「化石」である。

時代に逆行して、「美齢塾」を始めた。

メール・マガジンを週一回（もちろんIT担当のスタッフの手を借りてであるが）発行し、月に一回程度座談会を行う。昨年十一月に塾を始めて、吉野、神戸、台湾・台北とすでに四回。希望者は近くからくる者、遠くからくる者といろいろだが、皆が話し合ったり、おいしい夕食を楽しんだり、実に賑やかだ。

コンセプトは顔を合わせて言いたいことを言い、ときには食事を楽しむ集い。忙しいスケジュールの合間を縫って、三年限定とした。会員は一応二十歳から四十歳までと決めている。自分が年寄りだから相手は若いほうがよい。

この十三年間、唯一変わったことといえば、朝の儀式。自宅の場合はカフェオレではなく、ロイヤル・ミルクティー。紅茶は台湾産の素直な茶葉。アップル・ティーのようなフレーバーを加えたのは好きではない。人間もお茶も、本物で素直なのがよい。出かけないときには二時間近くも延々と朝食を楽しむ。

何事も身の丈に合った努力をコツコツと。そうすれば、結果的に「凛《りん》とした生き方」になると信じている。

二〇一一年二月

金　美齢

凛《りん》とした生き方

目次

女の知的成長は暮らしの中から

子供に教えたい「実生活」の知恵

困難から逃げない女が幸せをつかむ

「いい女」は本音で勝負する

内面的な財産を増やし続けていき、
その財産で自分も人も
幸せにできるのが本当の「いい女」。
そんな女性になるために必要なこと。

1●見かけだけの「いい女」はいらない

「いい女」という言葉を女性たちの口から聞くようになったのは、ここ十数年くらいのことだろうか。

若い女性に「どんな人になりたいですか」と聞けば、「いい女になりたい」と答える。若い子ばかりでなく、三十代、四十代の女性たちも、「いくつになってもいい女でありたい」と口々に語る。

「いい女」と認めてもらうことは、今や女性に対する最上級の褒《ほ》め言葉で、女性みんなが「いい女」をめざしている。

そのこと自体は悪くないことだ。めざすところがあるからこそ、人間、努力もするし向上心を持ち続けることもできるのだから。

しかし、と、私はひとことどうしても言いたくなってしまう。

「見かけだけの『いい女』をめざしている人が多すぎるのではないですか？」

と。

　たしかに、きれいでいることも大事だし、ファッションセンスを磨くことも「いい女」には欠かせない要素かもしれない。

　通りですれ違った人が、「ほぉーっ」と振り向いてくれるかもしれない。「あの人、きれいだよな」と、知り合いの男性たちの間で、なかなかの評判になるかもしれない。

「いつも素敵ね」と同性の知り合いからもうらやましがられるかもしれない。

　でも、それで得られるものは、ほんのひとときの満足感と優越感だけ。女性がめざす「いい女」が、これではあまりに浅すぎるように思う。

　見かけだけではなくて、中身もまるごと「いい女」。

　めざすべきは、そんな「本当のいい女」のはず。

　では、「本当のいい女」とは、どんな女なのか。どうしたら、中身もまるごと「いい女」になれるのか。

　そのことを、じっくり、この本で探っていきたい。

2●「自分磨き」の落とし穴に気をつけろ

「自分を磨いて、いい女になろう」と、女性誌などでお題目のようなキャッチフレーズを頻繁に目にする。

このキャッチフレーズを見かけるたびに、「何のために磨くかが、もっと大事でしょ」と、言わずにいられない。

なぜなら、「自分磨き」という言葉の裏に、「自分さえよければ」という感覚がチラリと見え隠れするから。

「私は今以上の幸せを手に入れるために自分を磨く」という気持ちはもちろん誰にもある。

しかし、「自分の幸せ」だけに焦点を当てた「自分磨き」は、やがて、「自分を磨いてきたのだから、私が人より得をしても当然」という気持ちを、どこかでふくらませてしまう。

そこに、「自分磨き」の落とし穴を見る。

「自分さえよければ」の感覚は、「本当のいい女」になることのマイナスになる。

つまり、こういうことだ。

私は「いい女」というのは、「自分も幸せであり、人も幸せにできる人」のことだと思っている。「女」に限らず、「いい男」にも同じことが言えるけど。

人を楽しくさせたり、人を成長させることに喜びを感じ、そのことを通じて自分も幸せになれる。

その気持ちが「いい女」の「骨」の部分。

「素敵な人ね」と思われるようにおしゃれをしたり、知識をつけたり、趣味を深めたりするのは、「骨」のまわりにつける「筋肉」。

「人も自分も幸せに」というしっかりした「骨」に、しなやかな「筋肉」がついてこそ「いい女」になるのではないだろうか。

「自分磨き」に夢中で、自分の幸せしか考えない人は、骨がスカスカの状態と言ってもいいかもしれない。

「何のために、自分を磨いているの？　どうしていい女になりたいの？」

と、自分に問い質《ただ》してみて、

「自分自身が幸せになりたいから。同時に、自分が人にも幸せや喜びをあげられる人でありたいから」

と、答えられる人が、「いい女」と呼ばれるにふさわしい人なのだ。

3●「いい女」かどうかは生きる姿勢で決まる

もうひとつ、最初に言っておきたいことがある。

それは、「いい女は一日にしてならず」ということ。

最終的に「いい女」かどうかは「生きる姿勢」で決まるもので、今日の努力が明日すぐに成果を表して、突然「いい女」になるなんてことはない。

長い人生の中には、いろいろなことが起こる。目には見えない「分かれ道」、ターニングポイントがいくつもある。

子供だった自分が親のもとを離れるとき。学生時代を経て、自分の将来を決めるとき。就職をするとき。一緒に生きるパートナーを決めるとき。結婚して、今度は自分が子供を育てる立場になったとき。子育てが終わって、もう一度仕事をしたいと思うとき。

どうしていいかわからない。なんでこんなことで迷っているかさえわからず途方に暮れる、なんてことが人生のポイント、ポイントで訪れてくる。

そのポイントをひとつずつ乗り越えていくことで、「いい女」に成長していく。最初から完成された「いい女」がどこかにいて、その人たちが、思いどおりに人生を歩んでいくわけではないのだ。

私はこれまでたくさんの「いい女」たちと出会って、つきあってきた。同年代の人もいれば、うんと年の若い人もいる。

「彼女は就職活動がうまくいかなくて苦労したけど、あきらめないで自分のやりたいことにチャレンジし続けてるうちに、成長したな」

とか、

「彼女は、あのとき仕事と子育てで奮闘してたけど、それを経ていい女度が上がったな」

と、「いい女」になっていくプロセスで、あれが大事なポイントだったのだ、と思い当たることがそれぞれにある。

「骨と筋肉」の話にもう一度たとえると、「いい女」たちは、パートナー、友人、仕事仲間、自分の子供、大切な人たちが増えるたびに、「自分も人も幸せにしたい」という気持ち、つまり「骨」がさらにしっかりしていった。

その気持ちを支えに、

「では、今、私がするべきことは。できることは」

と考えて、「筋肉」の部分を鍛えていった。「筋肉」の部分が料理の腕のこともあるし、仕事の能力の場合もある。人とのつきあい方ということもある。

人生の中で、ある時期はこの部分を、別の時期にはこの部分を、と「強化」する場所が変化することはあるが、絶えず前向きな姿勢で生きた人が、「いい女」になっていく。

そしておもしろいことに、人生の経過とともに、「いい女」度を上げていく人は、困難やつらいことに突き当たっても、「いい女」度は損なわれない。

これが、「見かけだけのいい女」とは大きく違うところだ。

「見かけだけのいい女」は自分の思いどおりにならないことやトラブルがあると、たちまち「不幸そうな女」になってしまう。

にわか仕立てではないぶん、人間としても底力がある。それが、本当の「いい女」の証《あかし》だと思う。

4● 人生は「選択と決断」の積み重ね

「生きる姿勢」でいい女かどうかが決まる……。

こう言うと、いい女になるまでの道のりが果てしなく遠いような気がしてくる人もあるかもしれない。

でも、ちょっと考えてみてほしい。

「生きる姿勢」というのは、決して大げさなことではないのだ。

もちろん人生の大事なターニングポイントというのはあるが、そのときだけに「生きる姿勢」が問われるわけではなくて、日々の考え方や行動の積み重ねがその人の「生きる姿勢」と呼ばれるものになっていく。

こういうシチュエーションのときには、どうするか。

こっちにするか、あっちにするか。

人とのつきあい方、生活の送り方、どんな場面でも人は選択と決断を繰り返して生きていて、それらすべてをひっくるめて「その人はどんな人であるか」が決まってくる。

つまり、毎日の生活で、「選択と決断」をおろそかにしない人なら、自然と「いい女」の道を歩んでいけると言える。

そして、「自分を磨いていく」ということは、「選択と決断」の判断基準を身につけていくことなのだ。

「毎日、忙しいんだから、そんなにイチイチじっくり選択と決断をしているヒマなんてないのよ」

と、思う気持ちもわかるが、「選択と決断」の重みを自覚していなければ、ただ、目の前で起きた出来事に、その場限りの対応をする日々を送ることになる。

それでは、「生きる姿勢」はいつまでも整っていかない。

忙しくても、目の前の出来事にパニックになりそうでも、短い時間で最善の策を考えて、それにもとづいて行動する。

そんな精神的な反射神経を身につけることが、大事なのだ。

5●ラクを選べば「いい女」度は下がる

このごろ、街を歩いていると、見知らぬ人から声をかけられることがある。テレビにコメンテーターとして出演するようになってからのことだ。

「金さんって正統派ですね。コメントを聞いて、スッキリしました」

「言いにくいことを、よくぞおっしゃってくださいました」

と、中年の紳士、主婦、ときには女子高生に言われる。嬉《うれ》しく思う一方、

「あれっ、私、いつのまに正統派の真面目人間になったんだろう」

と、妙な感じもする。

若いころは、手のつけられないじゃじゃ馬で、「一番の不良は誰か?」と聞かれたら、周囲の誰もが「金美齢!」と答えたものだ。

私自身は若いころと感性と価値観は変わっていない。本質的な部分は、じゃじゃ馬と呼ばれたころと違わないはずだ。そのことだけは自信を持って言える。

時代のほうが私に追いついてきたのかも、と思ったりする。

私が若いころから変わらないポリシーは、「選択を迫られたら困難なほうを選ぶ」こと。

これまでのことを振り返ってみると、我ながら、「よくまぁ、困難なことばかりを選んだものだ」と思うほどだ。

二十代の前半までは、私は親にも教師にも手に負えないはねっかえりだった。台湾一の進学名門校にいながら、全校でただひとり大学に進学せず就職した。これ以上勉強することに、まったく意味を感じなかったからである。

中国の内戦に敗れた国民党が台湾に逃れ、中華民国の名の下に台湾に君臨し、圧制を敷いていた時代のことだ。

厳しい状況の下でも、それなりに青春を謳歌《おうか》していた。それが若さというものなのだろう。みんなが目の色を変えて勉強をする中、私はトラック二台分はいたボーイフレンドたちと、遊び歩いていた。

これ以上ないというほどのエリート男性からプロポーズされたこともあった。

ところが、ちょうどそのころ、

「人間って勉強しなきゃいけないものなんだ」

と気がついた。日本で言うところの国際文化会館のような国際交流の場、インターナショナルハウスに勤めて、自分の能力不足を痛感し、勉強への欲望が出てきたのだ。

プロポーズも数多《あまた》のボーイフレンドも振り切って、日本に留学することを決意した。

これが私の人生にとって最初の大きな転機。困難なほうを選ぶ生き方の第一歩だった。

日本に留学して、さらに決定的な転換が訪れた。台湾の独立運動に関わり、その同志と学生結婚。

国民党の政府のブラックリストに載せられ、帰国すれば投獄されるので、事実上帰国の道は閉ざされた。

パスポートなしで日本に滞在し、下手すると強制送還になるという状態で同じ政治思想と理念を持った男性と結婚し、子供を育てるのは、よほどのタフか、よほどのばかでなければ耐えられない。困難が予想されても、自分の内心の気持ちに忠実に従うのが私の生き方、と姿勢が決まったのだと思う。

修士課程の途中で子供ができたときは正直言って悩んだ。でも、キャリアを中断せず、子育てをしていくことを選んだ。困難な状況になったときに、敵に後ろを見せるのが嫌いなのだ。目の前の困難に、むしろ進んで向かっていく性分。それゆえに、必ず、困難なほうを選んでしまう。それが私なのだ。

もちろん、最初から難しい人生を歩きたいなどとは誰も思っていない。けれど、選択を迫られたとき、困難から逃げることは自分の成長を自分で止めるようなものだと思う。ラクなほうばかりを選んでいては、人間は成長できない。「いい女」度も下がるのだ。

覚悟を決めて、選択する。そのたびに、越えなければならないハードルは増えるけど、だからこそ、人生はおもしろい！　と私は思う。そしてひとつのハードルを乗り越えるつど、自分がひとまわり成長したような実感を覚える。

その感覚が根底にあるから、テレビでコメントをするときも、人にアドバイスをするときも、ラクをして自分だけが得をしようとする人や自己正当化ばかりする人に対して、ビシッとひとこと言ってしまう。

自分では「正統派の意見」というよりも、「まっとうなことを言っているだけ」と思っているので、

「これからも、ビシバシきついこと言ってください」

と、声をかけられると、少し気恥ずかしいのだ。

6●「ノー」を言うなら恰好よく

イエスかノーを選択しなくてはならない場面の連続。それが人生、とも言えるように思う。

ところが、「ノー」をはっきりと伝えることを避けたがる人が多い。いい人と思われたい。反発を買いたくない。だから、「ノー」と言いたくても、言えない。

その心理がわからなくはない。しかし、「ノー」と言わないことが、相手にも自分にも大変なマイナスを引き起こすことがある。

以前、こんなことがあった。

台湾から留学してきている若い女性が相談があると、私を訪ねてきた。彼女は結婚について悩んでいた。

夏休みに台湾に帰ったときに、両親から「そろそろ結婚のことを考えなさい」

と言われた。日本でつきあっているボーイフレンドがいるが、彼とは結婚を約束しているわけではないし、仮にそうなっても親に反対されることもわかっているので、彼のことは親に話せない。両親はじきにお見合いの話を持ってくるだろう。見合いをするほうが親孝行だと思うので、見合いの話は断れない。自分は見合いをするべきかどうか、迷っている。

「親を安心させるために、見合いを一回ぐらいしてみてもいいだろう」と考えているように私には思えた。

そこで、彼女に対して、アドバイスしたのは次のことだった。

「見合いをすることを、ノーと言ったら両親は心配なさるでしょう。その想像は当たってると思うわよ。ところで、あなたは簡単にイエスと言ったらどうなるかは考えてみた？」

両親は見合いの相手を本気で探すだろう。見合いの日時も決めてしまうだろう。そうなったら、とりあえずは相手の男性に会うだろう。

「もし、相手の人があなたのことを気に入ったら、どう返事をするの？　お見合いはしたけど、まだ誰とも結婚する気はないんです、ではあまりに相手に失礼でしょ。それとも、ノーと言えなくて、その相手にもあいまいに返事をするの？」

彼女はしばらく考えていた。

「今は、お見合いはしたくない、と今日、両親に電話をしてはっきり言います」

それが両親に対しても、見合いの相手になるかもしれない、まだ出会っていない人に対しても、今つきあっている彼に対しても、誠意を持って接することになる、と気がついたのだろう。

私は彼女のように、見合いをするかどうかで悩んだことはないが、前に言った、台湾で「玉の輿《こし》」そのもののような結婚の申し込みを受けたとき、ノーと言いづらいな、と正直思ったことがある。

しかし、迷って悩むということはなかった。

とても優秀な青年だったけれど、才能がギラギラしすぎて、常に自分はトップであることが当たり前という顔をしていた。自信があって、やるべきことをやっている人というのは嫌いではないけれど、私は自分が常に副次的な存在であり続けるのは嫌だ、と直観的に思った。

私は男の人に対して尽くし型ではなくて、むしろ尽くされ型。もしここで、イエスと言って、尽くされ型同士がくっついても三日ともたないだろうし、お互い不幸になるだけ。

そんなふうに、自分の性格がわかっていたから、案外、あっさりとノーを言う決心はついた。

「ノー」は、引き延ばせば延ばすほど、言いづらくなる。そして、「ノー」の意思は、言葉で伝えなければ、相手は「イエス」と受け取って、行動を起こす。

これは、非常に誠意のないやり方だと思う。自分のあいまいな意思で、人を引きずり回すことになるのではないだろうか。

それに、引き延ばすと、自分自身の決断もつきにくくなる。イエスかノーかを決めず「保留」にしているうちに、いったい自分はどうしたいのかがわからなくなってしまい、迷いは大きくなっていくのだ。

その場しのぎのための安易な「イエス」は、人に対してだけでなく、自分にもマイナスに働く。

「ノー」と言いたいけど言えないときには、まず、安易に「イエス」と言ったらどうなるかということにイマジネーションを働かせる。「イエス」と言うべきでないと思ったら、できるだけ早く、「ノー」の意思表示をする。その意思は相手に伝わる言葉で伝える。

それが「ノー」のルールだと思う。

人生を左右するような決断に限らず、普段の人とのつきあいの中でも、このルールは共通に言えることだ。

7● 建前と本音の距離は短いほど共感を得られる

「いい女」は同性にもいい女だと思われる、ということがはずせないと思う。同性が、

「この人と話をしても、なんだか楽しくない」

と印象を持つ人は、見かけがいい女風であっても、本当の「いい女」とは言えないのではないだろうか。

話をした相手が男性でも、女性でも、

「また、会いたい」

と思われてこそ、「いい女」。

私は、人と話をするのが好きで、相手が少々変わり者でも、口下手の人でも楽しく話せるのが特技のひとつだ。

そんな私でも、

「この人、苦手だわ」

と感じることがある。

物腰が柔らかくて、ていねいなものの言い方をするのだけど、本心がちっとも見えてこない人。いつも「よそゆき」の表情と言葉でしか話をしない人。

そんなタイプが一番苦手だ。

「そうですね」

とか、

「わかります」

と、相槌《あいづち》はにこやかに打つけれど、自分の考えは言わない。言ったとしても、当たりさわりのないことだけを言う。

「それでは、あなたはその件について、実際にはどういうことをしようと思いますか」

と、こちらが問えば、

「いえ、今、どうするというわけではなくて」

と、言葉を濁す。

建前の後ろに別の本音がすっぽり隠されているように思えるのだ。

責任逃れの気持ちが、ストレートに言うことを避けさせているという気がしてならないのだ。

日本人は建前でものを言う、と外国のジャーナリストたちが非難を込めて記事を書くときも、同じように感じているのではないだろうか。

日本の社会の中では、「本音と建前」を使い分けてこそ一人前、という古い常識が、まだ通用しているところがある。

個人的な対話では、人間関係をスムーズにするために、「本音と建前」の使い分けが有効な場合ももちろんあるだろう。本音をズバリ言うのは場合によっては礼儀知らずと思われることも、たしかにある。

けれど、それはあくまでも日本的な「本音と建前」の常識。

国際的な外交の場では「本音と建前」を使い分けることは、誤解につながる。場合によっては嘘をついたと受け取られる。

ストレートに真意を伝えないことは無責任なこと。あいまいな建前論が相互理解を妨げている。その点が非難の的となっているのだ。

国際的な外交の場であれ、私たちが普段生活している場であれ、人と人とのコミュニケーションは、「本音と建前」の距離が短いほど、相手に理解してもらいやすくなる。

国を代表して発言をするのと、一個人が日常の場で発言するのとでは、責任の大きさに違いはあるけど、共通する法則はとてもシンプルなものだと思う。「本音と建前」の使い分けに頭を使うくらいなら、「本音を伝えるためには、どんな言葉でどんな表現をするか」に頭を使うべきなのだ。

それが自分の言葉に責任を持つということ。そこをわかっていないと、本当の「いい女」には、とうていなれない。

8●「建前」は人間の成長の邪魔をする

本音を言わず、建前だけで生きている人を見ると、「この人は今までずっと演技をしてきたのだろうな。それはそれでつらいだろうに」

と、思わずにいられない。

忘れもしない。ずいぶん、前のことだが、「建前の権化《ごんげ》」のような女性に出会ったことがある。

ある学会の合宿旅行に出かけたときのこと。見た目はいかにも女っぽく、物腰の柔らかい女性だった。年輩の男性の教授には受けがよく、かわいがられている様子。

ところが彼女の同室の女性は、一緒にいると息が詰まりそう、と言うのだ。

四泊の合宿の間、寝姿を見たことがないのだそうだ。夜、ふと気がつくと枕もとに明かりがついていて本を読んでいる。朝は朝で、きちんと化粧をした姿しか見たことがない。

「あの人、自分で疲れないのかしら」

と、同室の女性はうんざりした様子で話していた。

さて、合宿中、ゼミで私はその女性の隣の席にたまたま座る機会があった。ふと見ると、鉛筆の芯がうんと長くて、見事に尖らせてある。筆箱にはそんな鉛筆がズラリと並んでいた。

それに目がいったとき、私は、

「ああ、これがようするに彼女なんだな」

と思った。

芯の鋭さにゾッとする一方、彼女に痛々しさを感じた。

大変な完璧主義者なのだろう。「こうでなければいけない」と思ったら、それを守ることに神経を傾けているのだろう。

彼女は「きちんとした女性でいなければ」と強く思いながら生きてきたのだと思う。若いころは、そんな女性を演じていたこともあったかもしれない。

理想の女性像を演じているうちに、すっかりそれが彼女のキャラクターになってしまったのではないか……。

同室で寝泊まりしていると息が詰まる、と同僚が言うのも無理はないと思った。

鉛筆を尖らせている彼女は努力家に違いないと思うし、自分を律し、いつもきちんとしていようという姿勢自体はいいことだと思う。

ただ、「あるべき自分」の像が「建前」によってつくられているように見えた。そして、固まってしまった「建前」から一歩も外に出ようとしないようにも思えた。

そんな人に対して、まわりの者は自然と距離をとる。親しく話しかけることもなければ、アドバイスをすることも遠慮する。

そのことに気がついていない彼女があわれに思えた。

「建前」を貫くことは、知らぬうちに人間関係に自分の手でバリアを築いているようなものだ。そのバリアは人間としての成長を邪魔する壁にもなってしまう。

人間、他人から刺激を受けたり、他人に刺激を与えられなくなったらおしまいだ、と私は思っている。六十四歳になった今（当時）も、成長し続けたいと思う。

他人から「立ち入られる」ことで、新しい発見があったり、自分自身に新たな問題意識が生まれたりする。

焼いて固めた粘土は形を変えられないけど、柔らかい粘土なら、いくらでもよりよい形に変えていくことができる。人間形成とはそういうものではないだろうか。

「建前」には人間を固めて、人間形成の邪魔をする側面がある。だから、私は「建前」が嫌いなのだ。

9 ●「素直さ」というパワーを見直せ

「本音で生きるのは難しい。素の自分を出したら誰も寄ってこなかったりして……」

そう心配をして、「建前」という安全な場所に自分の身を置いてはいないだろうか。

もちろん人間関係では、これを言ってはマズイだろう、とか、この言い方では失礼にあたる、ということはある。

相手への配慮を忘れずに接することは、絶対に必要なマナーだと私も思っている。

けれど、マナーは守った上で、のびのびと人とつきあうこともできるのだ。

「本音と建前」の距離を縮める鍵は「素直さ」。

「素直さ」というと子供の特権のように思われがちだけど、大人にこそ必要なのではと思うことがある。

人の気持ちをスッと動かすという点では、手の込んだ根回しも、計算した策略も、「素直さ」にはかなわない。

私は日本語学校の校長（当時）を務めているのだが、以前、学校に卒業生が訪ねてきた。

「先生、お忙しいとは思ったのですが、どうしてもお話がしたくて」と。彼女はうちの学校を卒業したあと、大学院に入り、今は修士課程にいる。

二十代の半ばなので、年齢は親子以上に離れている。それに、校長と卒業生というと遠慮が先に立つ関係。

ところが、彼女は非常に正直に、

「私の話を先生に聞いてほしいんです」

と、しばらくぶりに会った私に近況報告をし始めた。

今、こんな勉強をしていて、将来の仕事はこんなことをしたい、と包み隠さず、自分のことを話す。

学校の近くの喫茶店で一時間ほどだろうか、お茶を飲みながら、ケーキを食べながら話をした。

彼女に意見を求められれば、私はアドバイスをし、さらに彼女が私に質問をし、話題は勉強のことから恋愛の話まで、尽きることがない。

喫茶店を出て、駅まで商店街を一緒に歩いた。

彼女が住んでいる場所は、東京の郊外なので、乗り換えの駅までは一緒で、そのあとは別々の電車に乗るものと思っていた。

ところが、

「もう少し、話がしたいから、新宿まで私も行きます」

と、私と同じ電車に乗り込んだ。

駅についたら、

「先生の家まで送ってあげる」

と、駅からうちの前まで、話をしながら歩いた。

私は夕方からの用事があったので、うちに上がりなさいとは言わず、玄関で別れたのだけど、

「先生、ありがとうございました。今日、お会いできてよかったです」

と、晴れやかな笑顔で帰っていく彼女を見て、なんだか嬉しい気持ちになった。

彼女が在学中、特別懇意にしていたというわけでもない。久しぶりに会った卒業生と校長、そして女同士。だけど、まるでデート帰りの恋人同士のように、離れがたくて、送っていったり、送られたり、そんな感じだなぁ、と思って、クスッと笑った。

自分を飾らない話しぶりと、真摯《しんし》にアドバイスを求める態度に、

「この子の話を聞いてあげなきゃいけない」

という気分になって、私もつい時間を忘れて、話に夢中になったのだ。

「素直さ」というのは、人に強くアピールするものだなぁと、つくづく感じた。

同時に、彼女には「素直さ」という、素晴らしいパワーがあると思った。「いい女」になっていくことは間違いない気がした。

相手に自分をオープンにすることは「あなたのことを信頼していますよ」という気持ちの表れでもある。

だから、聞いてるほうは自然に親身になってしまう。少しでもその人のためになれば、という思いで、意見を言うし、アドバイスもできる。

相手も自分ものびのびと気持ちよくつきあうには、「素直さ」が欠かせない。そして、「素直さ」は大人が成長していく上で、大きなパワーになる。

十年後、平成十九年夏、彼女は台湾第二の都市・高雄市の市長の通訳として来日した。

10 ●本音を言うことは「自分を持つ」こと

さて、これまでのところで、「見かけだけのいい女」と、私の思い描いている「中身も丸ごといい女」の違いがはっきりとしてきただろうか。

要は、内面的な財産を増やし続けていくことができる人が「いい女」。その財産で自分も人も幸せにできる人が本当の「いい女」なのだ。

そんな「いい女」になるために必要なこととして、私は「ノーを恰好《かっこう》よく言うこと」「建前ではなく本音を言うこと」を挙げた。

「それって、強気な女になれっていうこと?」

と、早合点《はやがてん》してもらっては困る。

「ノーをきっぱり言い、本音で話す」ことと、「人に対して容赦なくキツイことを言う」こととは違う。

強く自己主張して人より優位に立つために、「ノーをきっぱり言い、本音で話す」ことをすすめているわけでも、もちろんない。

私が「ノーをきっぱり言い、本音で話す」のが大事だと思うのは、それが「自分を持つ」ことの第一歩だと思っているからだ。

ふわふわと世間の流行りや人の意見に流されていては、内面の財産は増やすことはできない。

「自分が本当にやりたいことは何なのか」とか、「自分にとっての自分磨きとは何か」と、いつまでも「今とは違う何か」を探しながら、右往左往することになる。

そんな状態では自分を幸せにすることもできないし、ましてや人に自分の「内面的な財産」を分けることなんてできない。

自分の考えをはっきりとさせ、自分の責任のもとで決断と選択をする。それが、「自分を持つ」ということ。

おもしろいもので、人のキャラクターは習慣によって形づくられるところがある。会話をするときに、

「こう言うと人にどう思われるだろうか」

「どう言えば、この人を怒らせずにすむか」

と、まず考える習慣の人は、人の評価や意見に流されやすくなってしまう。優柔不断な性格がそうさせるという意見もあるかと思うが、私に言わせれば、むしろ考え方のクセが性格を固定してしまうのだ。

「私はこう思う。だから、これをうまく伝えたい」

と、まず自分の考えをはっきりさせるクセのついている人は、安易に多数意見に迎合することはない。

自分は人に流されやすいところがあると思う人は、「ノーをきっぱり言い、本音で話す」ことを意識してみてほしい。

それが「自分を持つ」ことにつながっていく。

11 ● 覚悟がないところに「自分らしい生き方」はない

私自身のことを振り返ると、「自分を持つ」ことは人生そのものと言える。

二十代のころから台湾の独立運動に参加をして、蔣介石の政権に対する反対運動をやってきたのだが、そのことが結果的には「自分をまっとうする」生き方につながった。

最初から、二度と台湾に帰れなくてもいい、ブラックリストに載ってもいいと覚悟をして、反対運動の一歩を踏み出したわけではなかった。

最初は、自分の考えを明らかにしただけのことだった。

例えば、今の台湾についてどう思う、と誰かから聞かれる。そこで、正直に自分の考えを言う。

これを言ってはマズイのではないか、建前で答えるほうが無難なのではないか、と考える人が多い中で、正直に自分の考えを言うことは、すでに一歩を踏み出したことになる。

そして次に反対運動の集会があるから、と誘われたら、前に自分の言った言葉に背くことはできず、集会に参加する。また一歩を踏み出す。

一度、自分の考えを「公」にしたからには、それに責任を持たないわけにはいかない。責任を持たない自分に耐えられない。

自分の言ったこと、選んだことに責任を取ることが、結果的に「自分を持つ」「自分をまっとうする」ことになった。

一歩踏み出すごとに、私は覚悟をしていった。

今から三、四十年前の台湾は、政治犯が非常に多かった。少しでも反体制運動をやると本当に命を失うような時代だった。

私たち外国にいる台湾人は、その政治犯をなんとか助けようと、しばしば会合を開いていた。

台湾は一応自由主義圏の国で、やはり国際世論は気になる。そこで、いかに国際社会にアピールするかを私たちは話し合っていた。

その会合はだいたいどこかの会館を借りてやるのだけれど、一歩外に出ると、そこは渋谷や新宿の繁華街。きれいな店が並んで、みんながのんびりした顔で歩いていて、まさに天下太平。

そのギャップの中で、私たちが選んだ道をこのまま歩いていくとどうなるかというシミュレーションをしなくてはならなかった。

もし万が一、捕まって拷問されたらどうしよう。そのとき、子供たちはどうなるのだろう。もしものとき、を常に想定した。

子供たちは日本で生まれて区役所に登録しただけだから、台湾に籍はない。だから子供たちは台湾に送還されることはない。私たちが強制送還されたら、誰に預かってもらおうか。そこまで、考えないわけにはいかなかった。

そんな状況の中で、「覚悟」ができてきた。

同じ理念を持っている人があえて火の中に飛び込んでいるのに、

「私は嫌だから、怖いから」

と運動を途中でやめることはできなかった。

自分の選んだ道をまっとうすることは、まさに、次なる「選択」と「決断」を迫られ、「覚悟」をして突き進むということだった。

父が心臓発作で倒れ、一週間昏睡《こんすい》したまま息を引き取ったときも、帰国することはできなかった。帰国すれば、投獄されるという状況だったからだ。

同志の中には、肉親の危篤や死に直面したとき、「私は間違っていました。二度と、こういう反体制的なことはいたしません」と一筆書いて、転向した人たちもいる。そのほうが実は人間的なことだ。

しかし、私はそうしようと思ったことはなかった。

一番大切なことに関しては、迷わない。

どうしても親の死に目に会いたいと感傷に流されて、今までやってきたことを一気に崩すようなことをしたら、それこそ、一生不幸せだと思った。自分の選んだことに責任を取らない生き方はしたくなかった。

私は、そんなふうに人生の中で、ギリギリの覚悟をしなければならない場面に何度もでくわした。

しかし、そのことが私をより強くしたし、「まっとうするべき自分」というものを明らかにしてくれたと思っている。

今の日本では、「ギリギリの覚悟」を迫られる状況など、ピンとこないだろう。

けれども、どんな状況でも、「覚悟」のないところに「自分らしい生き方」や「本音で生きる人生」などない。

そのことに多くの女性が気がついてほしい。

女の知的成長は暮らしの中から

「受け身」の姿勢で得たものより大切なのは、
自分で「実感」して得た情報や知識。
「好奇心」から出発して
「見識」へと至る道中が知的成長だ。

12 ●知的に成長し続けることをめざせ

「自分を持つ」ことなくしては、人も自分も幸福にすることはできない。確固たる「自分」を持っていることが、「いい女」の必要条件。

先の章で私が言いたかったのは、このことだ。

では、どうしたら「自分を持つ」ことができるようになるか。自分を持ちつつ、他の人やものから刺激を受け、成長し続けるにはどんなことが大切か。

この章では、そのことを探っていこうと思う。

「自分を持つ」ということは、価値基準が自分の中にちゃんとある、ということだ。

さまざまなメディアからさまざまな人が情報を提供している現在は、情報が多すぎるゆえに自分を持ちにくい時代と言えるように思う。

見聞きした情報を整理して、自分の価値観の中に組み込んでいくことができなくては、情報に踊らされることになる。未消化の知識や情報はかえって自分の価値観をぐらつかせる。

「いい女になるには内面を磨け」ということはよく言われることだが、たんに知識や情報を増やすだけではなく、それらを「消化」して初めて、自分を磨くことにつながる。

さて、その「消化」を助けるのは何か。

キーワードは「好奇心」だ。

「なに、なに？　それってどういうこと？」

「どうして、そうなったわけ？」

と、知りたがる気持ち、つまりが知的好奇心が情報や知識をぐんぐん吸収する原動力になる。


ところで、日本の女性ぐらい知的に成長したいと思っている人は、世界を見渡してもそうはいないのではないかと思うことがある。

地方の講演に行くと、あらためてそのことを実感する。

以前、福岡県の宗像《むなかた》というところに行った。博多駅から急行電車で二十五分ほどのベッドタウン。そこで「むなかた自由大学」（当時、現在は「むなかた市民大学『ゆめおり』」）という市民のための講座が開催され、私は講師として招かれた。人口数万人（当時）の市なのだけど、自由大学に参加した人の人数を聞いて驚いた。二千五百人の方が参加しているというのだ。そのほとんどは家庭の主婦のように見受けられた。

人口比率からすると、すごいことだと思う。

北海道の稚内にも、市民大学がある。そこでは、一年に八回のコースを組んで、全部参加すると皆勤賞が出る。約二千人の受講者を擁する旭川青年大学も市民によって運営されている。北海道でもっとも長い伝統を誇る江差《えさし》地域大学（当時、平成十八年終了）では、人口一万二千人ほどの町で会員が七百人を超えたこともある。

地方都市に限らず、都会でも女性を対象にしたカルチャースクールは大変な盛況のようだ。

これほどたくさんの女性が自分を知的に磨きたいと思っている。また、その環境も整っている。

実に恵まれた国だと思うし、知的好奇心旺盛《おうせい》な女性が多いことは、それだけでも素晴らしいことだと思う。

ただ、私はちょっと残念だなと感じることがある。みなさん、まじめで勉強熱心なのだが、「受け身」なのが惜しい。

メモを几帳面《きちょうめん》に取ってはいても、自分から進んで疑問点をぶつけたり、問題を提起したりということが少ないように見える。

講演という形式上、聞いているほうが受け身になるのはある程度仕方がないとは思う。でも、講演のあとに質疑応答の場はある。

そういうときは、もっと積極的であっていいし、もっと好奇心のままに、いろんな質問をしたほうがいい。

「受け身」ではなくて、「私はこのことを知りたい」「もっと、この件について聞きたい」と、自分の好奇心を表に出して参加する。

そのことが知識や情報を「消化」するコツだと思う。

おとなしくて行儀のよい「お勉強好き」より、自分の好奇心を積極的に追求する「知りたがり」の人のほうが、実は知的に成長し続ける人になれるのだ。

13●やじうま精神を笑うなかれ

好奇心と切っても切り離せないのが、やじうま精神だ。

普通、「やじうま」というと悪い意味で使われることが多い。興味本位で事件を見物したり、おもしろ半分に騒ぎたてたり。「やじうま」には、そういうニュアンスがあるからだろう。

たしかに、人のプライバシーに首を突っ込んで、頼まれもしない世話を焼き、その上あることないこと吹聴《ふいちょう》して歩くような「やじうま」を快く思う人などいない。

私だって、そんな「やじうま」とは関わりたくないと思う。

しかし、「やじうま精神」となると、話は別だ。

興味を持ったことに関しては、好奇心を抑えられない。

「なに、なに?」

と聞かずにおれない。

自分のまわりで起きた出来事、あるいは遠くで起きた出来事にも無関心ではいられない。

そうした好奇心が「やじうま精神」になる。

この精神は、忌《い》み嫌われるようなものではなくて、むしろ大事な精神だと思う。

どこで何が起きても、何に対しても無関心。自分のこと以外は何にも気にならない。そんな「非やじうま精神」の持ち主に比べれば、よほど人間的だと思う。

それに、「やじうま精神」は積極性の現れでもある。「受け身」にとどまらず、自分から進んで知りたがる姿勢は、おおいにけっこうなことではないか。

「やじうま」の悪い面だけにスポットを当てて、「やじうま精神」のよさを置き去りにするのは、もったいないことだと思うのだ。

ところで、私は自他ともに認める旺盛なる「やじうま精神」の持ち主。私は、堂々とそう言って憚《はばか》らない。

「やじうま精神」がなければ、ワイドショーのコメンテーターの仕事は引き受けなかったと思う。

しかし、私がそう言うと、人には「え？」と驚かれる。

「どうしてワイドショーなんかに出るの？」

「もうちょっと固い番組ならわかるけど……」

などと、今でも知人から言われることがときどきある。

そのたびに私はこう答える。

「だって、ワイドショーが好きなのよ。芸能ニュースも知りたいと思うわよ」

こう言うと相手はきょとんとする。

「意外と俗っぽいのね」

と笑われることがある。

長い間、大学で英語を教え、今（当時）は日本語学校の校長をしている私とワイドショーという組み合わせはよほど「不似合い」に見えるらしい。

ワイドショーは「やじうま」がつくり「やじうま」が見るものと思い込んでいる人が少なくないようだ。

ワイドショーと知的好奇心は無縁のもの、ととらえているのだろう。

しかし、私はそうは思わない。

人間の世界で起きるあらゆることは知的好奇心の対象になると私は思っている。知的な刺激を与えてくれるのは、なにも立派な時事評論や高尚な文学とは限らない。

巷《ちまた》で起こった出来事から学ぶことは実にたくさんある。

「なんでこんなことが起こったのだろうか？」

「このあと、どうなるんだろうか？」

と、次々に自分の中に？マークが生まれ、自分なりに分析と推察を重ねる。知的好奇心に無縁どころか、人間観察という知的訓練の恰好の機会になると思う。

ワイドショーをバカにするなかれ。「やじうま精神」を笑うなかれ、である。

もちろん、人の不幸を喜ぶようなあさましい気持ちで見るのなら、それこそ最低の「やじうま」だ。

社会に対する関心と問題意識を持って、ことの子細をもっと知りたいと思うかどうかが、ただの「やじうま」と「やじうま精神の持ち主」の違いなのだ。

14●芸能ニュースを「教材」とすべし

一九九八年の四月ごろのことだ。朝、ダイニングテーブルで新聞を読んでいた夫が、一大事だ、という様子で私に話しかけた。

「今日、今年最大の離婚が起こったよ。誰だと思う?」

起き抜けにそんなことを聞かれても、頭は回らない。

「そんなのわからないわよ」

「郷ひろみだよ」

「あらまぁー」

そんなわけで、朝一番の話題は郷ひろみさんの離婚問題だった。

東京理科大学の理工学部の大学院の責任者（当時）である夫が、一大事だよ、と言ったのが私にはおかしくて、

「あら、この人もなかなかのやじうま精神の持ち主ね」

と、思った。

さて、その翌週、出演したワイドショーで「今年最大の離婚劇」について、テレビでコメントをして、午後は防衛研究所に行って講師を務めた。

芸能人の離婚問題から防衛問題まで、というこの守備範囲の広さというか、浅さというか……。我ながら、おかしな一日だった。

でも、防衛問題を勉強している人たちを前に、まずはこのことをというわけで、

「今朝、郷ひろみの離婚の話をしてきたところなんですけどね、みなさん、そのニュースはご存じ？」

と話し始めた。

きょとんとした顔をして聞いている。この人、いったい何の話をするんだろう？　と。

私が続けて話したのはこんな内容だ。

一見、防衛問題と芸能ニュースはまったく関係ないもののように見えるけど、そんなことはない。

軍備がどうの、飛行機がどうのというハード面に関する研究はもちろん重要なことに違いない。だけど、軍備を計画するのも、飛行機をつくるのも人間なら、他国の軍備を考えるのも人間。

人間の心の持ちようがわからなかったら、防衛問題も外交問題もうまくいきっこない。

エリツィンが、来るの来ないのって、あたふたするだけではダメで、エリツィンという人はどういう人間で、こういうときには何を考えて、どう行動する人なのか、見極めて対応策を考えることが必要なのじゃないか、と。

つまり、どんな政策も戦略も相手を知る、人間を知ることを抜きにはあり得ない、ということを言いたかったのだ。

芸能ニュースも人間を知る教材のひとつに十分なる。

自分自身は一回しか生きられないけれど、人の人生のプロセスを見ることで、他の生き方も知ることができる。

「そうか。人間にとって、こういうことが転機になることがあるのか」

「こういう場合、こんな決心の仕方もあるのか」

「もし、自分がこうなったら、どうしただろう」

と、考えるべきことが提示される。参考にするべきところも反面教師とするべきところもある。

芸能人だから、と特別な枠にはめて考えるのではなくて、「人間がしたこと」という点に焦点を当てて見れば、芸能ニュースは、実にバリエーションのあるテキストなのだ。

それと、コメンテーターたちの意見に対しても「シビアな観察者」になってほしい。コメンテーターにも個性があり、出来事についての見方も違えば、分析の仕方、コメントの仕方は人それぞれ。

「あら、この人。別の人が離婚したとき、ずいぶん矛盾したこと言ってた」

「離婚の原因はどんな場合も女性にある、っていう偏見でコメントしてる」

「なんて、くだらないの？　このコメンテーターは理想論しか言ってない」

と、視聴者側がコメンテーターたちをも人間観察の対象にすることをおすすめする。そうすれば、芸能ニュースを教材として二倍有効に生かせる。

15●「たちの悪いやじうま」にはなるな

人間に対する関心という意味でのやじうま精神を持って見るなら、ワイドショーや芸能ニュースも教材になる。

とはいえ、朝から夕方まで同じ芸能ニュースを繰り返し見る必要はない。

「あの事件はどうなったかしら」と午後テレビをつけてみたものの、朝のワイドショーでやっていた内容からなんら進展していない、新しい情報も加わっていない、なんてことがよくあるからだ。

テレビに釘《くぎ》づけの「ワイドショー・ウォッチャー」になってしまっては、知的に成長するどころか、時間を無駄に使うことになる。

これでは「正しきやじうま精神」の持ち主とは言えないのだ。

好奇心に従って、知りたい情報はポイントを押さえてキャッチする。そんな心構えがあってこそ、ワイドショーを知的に利用することができる。

それと、テレビに釘づけになると、もうひとつ大きな落とし穴に陥る危険がある。

大量の情報をテレビから見聞きすることで、何でも知っているような錯覚を持ってしまう。

ことは、芸能ニュースに限らない。政治家の汚職事件、犯罪、教育問題、あらゆることについて語られ、視聴者がなるほどね、と思うような解説がされる。「わかってしまった」という錯覚に陥るのも無理はないかもしれない。でも、情報の受け売りでは自分の判断力も観察眼も磨かれない。

私が特にそのことを感じるのは、街頭インタビューに答えている人々が画面に登場するときだ。

政治家や官僚の汚職がニュースになれば、

「どうせ政治家なんて、派閥で動いているんでしょ」

「誰が総理大臣になっても同じようなものですよ」

と、しらけた口調で答える。

未成年が事件を起こしたとなれば、

「結局、日本の教育が悪いんですよ。そういう時代なんですよ」

と、誰かからの受け売りで母親たちがコメントする。

「どうせ、○○なんだから……」

と、妙に冷めていて、しかもうがったようなことを言いたがる人が多い。

何か事件が起こると、犯人や渦中の人々はたちまちやり玉に挙げられる。視聴者たちの「政治家なんて」と非難する気持ちが煽《あお》られることになる。そして、あげくの果ては、誰にも何も期待できない世の中、というムードができ上がっていく。

テレビから見聞きしたことが、非難とあきらめしか生まないなんて、情けないことだと思う。テレビで得た情報が、これでは何の役にも立ってないのではないだろうか。

例えばある政治家が汚職をしたとする。しかし、その一方では、政治の腐敗をなんとか立て直そうと努力している政治家もいれば、官僚もいる。

それを十把《じっぱ》ひとからげに、「しょせん政治家なんて」と決めつけたら、国民のために努力している政治家は浮かばれない。

リーダーシップというのは、リーダーを大切にする社会のシステムがそれなりにないと発揮されないものなのだ。

「どうせ政治家なんて」と、うがったふうなことを言っている社会は、自分たちの手でリーダーの出現を阻んでいるようなものなのだ。

あれが悪い、これが悪い、と言っているだけでは何も変わらない。それどころか、政治や文化のリーダーになりそうな人の足を引っ張るだけのことになるのだ。

そんな「たちの悪いやじうま」になってしまってはいけない。

大事なのは、批判する目を持ちながら、一方で正当な評価をするべきときはし、応援する気持ちも持つこと。それが、情報の受け手側の責任でもあるし、義務だと思う。

16 ● 権威を持つ人は身を慎め

義務と責任はテレビのこちら側の人間にもある。しかし、当然、リーダーである人々にはそれ以上の義務と責任がある。

この点ははっきりと言っておきたいことだ。

一九九七年はダイアナ元妃の恋愛劇と事故死、九八年はクリントン大統領（当時）の不倫疑惑、と世界的なスキャンダルが起きた。

日本国内でも、官庁や銀行や企業のトップの人たちの不祥事が発覚している。

その種のスキャンダルにはさすがに私もうんざりした心境になる。権威を持っている人たちが、その権威にふさわしい行動をとっているとはとても思えない。

権威はほしい、税金は使いたい、だけど、身を慎むのは嫌だというのは、とんでもない話じゃないか、と思うのだ。

マリア・カラスが歌っていたオペラで『ノルマ』という作品がある。古代ローマ帝国の属領ガリアの王の娘であり、巫女《みこ》の長であるノルマという女性がローマの進駐軍の将軍と恋をして、子供をふたりもうけた。

その時代の巫女といえば、神に仕える人であり、権威のある立場。身を清くし神に仕えることで、人々から畏敬《いけい》の念を抱かれ、地位が保たれている。そんな巫女が恋をし、子供を産んだとなると、それだけでも大スキャンダルだ。

ところがスキャンダルはさらに、拡大する。ノルマの愛したローマの将軍が浮気をするのだが、その浮気の相手が、ノルマよりも若いアダルジーザという巫女だった。

アダルジーザは巫女の身でありながら男を愛してしまったと、ノルマに告白する。ノルマは彼女を許すのだが、相手が自分の恋人だった男だと知って、驚き怒る。

子供たちを殺して自らの命も絶とうとするノルマに、アダルジーザは自分の罪を悔い、ノルマとの友情を誓い合う。

これで一件落着かと思いきや、ノルマのもとにローマの将軍がアダルジーザを連れ去ろうとしているという噂《うわさ》が届く。

そしてドラマは終盤に向かう。ノルマは人々を集め、自分は祖国を裏切り、祖先の神を侮辱したと告白する。一同が驚く中、自ら火刑台に上がっていく。その姿を見て、ローマの将軍も自分の罪を悔い、彼女のあとに続いて火刑台に上がる。

そういうストーリーだ。

舞台は紀元前五〇年ごろのガリア地方。遠いヨーロッパの大昔の話、といえばそれまでだが、このオペラには現代にも通じる真実が描かれていると思う。犯してはいけない罪を犯した巫女は、もう巫女としては誰にも認められることはない。生きていて、人々から尊敬を集めようとするのであれば、恋愛は絶対にするべきではなかったのだ。

この話の巫女たちのような絶対的な権威は今の世の中ではあり得ないかもしれない。恋愛が宗教上のタブーとなっていることには特別な意味がある。神の言葉を伝える（代弁する）者に世俗の幸せは許されない。

しかし、権威を持った人はストイックであらねばならないということは、今の時代でも同じだと思う。

与えられた権威を維持していくコストとして、自分の何かを犠牲にすることが必要である。権威と栄誉を持ちたいならば、私欲は切り捨てるという覚悟であってほしい。

ダイアナ元妃がプリンセスという称号もほしいけど、女性としての自由もほしいと望むのはやっぱりおかしいことだと思う。

クリントン大統領が国民の支持も女性との「不適切な関係」も両方一度に手に入ると思ったら大間違い。

日本の官僚たちだって、地位と名誉を得るからには、大金をものにしようなどという私利私欲は捨てるべきなのだ。

「どうせ、権力のある人たちのやることは……」

と、冷めた目で見るのではなくて、

「権威のある人は身を慎め！」

と、もっと声を大にして言うことが必要なのではないだろうか。

17● 歩け、歩け、せっせと歩け

テレビを見ることも読書をすることも、たしかに知的な刺激にはなる。情報や知識をてっとり早く得るには便利であることには違いない。

しかし、「受け身」の姿勢で得たものより大切なのは、自分で「実感」して得た情報や知識だと思う。

知的に成長する、ということはなにも高尚な知識をたくさん持つこととは限らない。

ささいなことでもよいから、

「おや？　これは？」

と感じたことを自分なりに探究していく。「自発的な好奇心」からスタートして、

「なるほど、こういうことか」

という見識に達すれば、それが「知的な成長」と言える。

ところで、毎日の生活の中で「知的な成長」をするためには、何をするのがいいか？

そう問われたら、私はまず「歩きなさい」と答えるだろう。

健康のためのウォーキングが大ブームだ。歩くことは、体にもよいことだけど、心にとってもこれほどよい運動になることはない。

それこそ「やじうま精神」をフルに発揮して、キョロキョロしながら歩くと、いろんなことが見えてくる。

私は、特別暑い日、寒い日、荷物の多い日をのぞいては、新宿駅まで約二十分ぐらいだろうか、歩いて出かける。夕方も急いでいないときは、買い物がてら、せっせと歩く。

駅までの間に、映画館があるのだが、そのときどきの流行りの映画が手に取るようにわかっておもしろいのだ。

例えば、『失楽園』が公開されていたとき。午前中の回から、入り口に中高年の人がたくさん並んでいる。

「あら、こんなことはここしばらくなかったわねぇ」

と、感じるところがあった。マスコミで「失楽園ブーム」と騒ぎ出したのはそのしばらくあとだったと思う。

そうかと思えば、ある日、大変な数の若者が行列をつくっていたことがあった。

「何ごとだろう？」

と思ったら、ほうっておけないのが私の性格。行列の中の女の子たちのグループに近寄って、聞いてみた。『エヴァンゲリオン』というアニメ映画の封切り日だという。

「それはいったい、どんなアニメなの？」

と質問したら、わかりやすくコンパクトに説明してくれた。

こういう収穫があるから、歩くのはやめられない。

ヒット映画の題名やそのあらすじなどの情報なら、週刊誌やテレビからでも知ることはできる。

でも、どういう人たちが実際にその映画を見ているのかを実感することはできない。

私にとっては、映画そのものよりも、なぜその映画がうけていて、どんな人たちがその映画を見ているのかが興味深いのだ。

観察しておもしろいのは、人ばかりではない。街の風景からも、実にたくさんの情報を得ることができる。

フランス料理屋だったところが、店を閉めて改装工事を始めた。工事が終わって、ニューオープンしたのは、パン屋さんとカフェが合体したような店。軒先はオープンカフェになっていて、ランチタイムにはサラリーマンらしき人たち、夕方には仕事帰りのOLたちでにぎわう。

なるほどね、今はこういうカジュアルな店が流行るのね、と実感する。

夕方、帰ってくるときは駅からの近道コースをたどることがよくある。地下道の出口から、ファッションビルの中を通って、表通りに抜ける。

そのついでに店の中の新商品をチェックする。

「あら、おもしろいブーツが出てるわ」

とか、

「グレーが今年の流行色というけど、本当だわ。バッグや小物も、グレーのものがこんなにある」

などと、ウインドウショッピングをしながら、今度はデパートの地下を通る。ぐるっと一周しているうちに、さっき見た魚が値下げされていたりすると、これはいいものを見つけた、と思わず買ってしまう。

これじゃ、近道しているんだか寄り道しているんだか、わからない。けれども、歩きながらちょっとした発見をすることがなんと多いことか。

人も建物も売っているものもすべてが、なんらかの変化をしている。歩いていると、そのことに気がつく。観察眼が知らず知らずのうちに養われていくのだ。

旺盛なるやじうま精神の持ち主にとって、街は飽きることないワンダーランドだ。そこを自分の足で歩くことで、足腰だけでなく、頭の中も鍛えることができる。

18●アンテナは高く、打算は低く

貿易の仕事をしている知り合いの男性がいる。

彼は電車の中で「今度はこういうものを輸入してみよう」と、ひらめくことがよくあるという。

電車の中にいる人々の持ち物や中吊り広告の見出し、その見出しの中でも、乗客の人の目が止まるのはどんな広告か。それらのことを観察していると、

「これはイケる」

とピンとくるのだそうだ。ずいぶん前のことになるが、彼はイタリアからオリーブオイル用の卓上ボトルやパスタ鍋などのキッチン用具、ボウル状の食器などを大量に輸入したそうだ。

電車の中吊り広告で、「我が家で楽しむイタリアン」という料理特集の見出しを見たときに思い立ったらしいのだが、彼の読みは見事に的中して、売れ行きも

上々だったそうだ。

「これはおもしろそう」と思ったことを自分の仕事に瞬時に取り入れることができるのだ。知的な反射神経がよいというか、時代を読むセンスがあるというか、アンテナの高い人だと思った。

彼もそうとうのやじうま精神の持ち主に違いない。

その人が言っていたことなのだが、同業者の中で、いつもうまい儲け話はないものかとか、自分のところだけ独占的に扱って派手に儲けたい、という打算がある人は「読み」を間違うのだそうだ。

もちろん商売だから採算がとれるかどうかは度外視できないけれど、「読み」の基本は自分が「おもしろい」と感じるかどうかなのだそうだ。

アンテナは高く、打算は低く。

それが彼のモットーだという。このモットーは私も大賛成だ。

損得勘定よりも好奇心を優先するアンテナ。そんなアンテナを持つ人が、知的に成長し続け、自分も人も楽しくすることができる。

特に人とのつきあいにおいては、打算先行のアンテナは裏目に出ることが多いのではないだろうか。

例えば、そろそろ結婚相手を見つけなければ、なんていうときに、よさそうな条件の人をアンテナがすばやくキャッチしたとする。「三高狙い」で、抜け目なく結婚相手を見つけ、結婚したとする。ところが、そういう人に限って、「こんなはずじゃなかった」というのはよくある話だ。

そうなるのは当然といえば当然。相手の人間性よりも他の諸条件に同調させたアンテナでは、ふたりの未来を感知することはできないのだ。

打算が「見当ハズレ」に終わる、典型的な悪い例と言えるかもしれない。

人間や社会に向けるアンテナを、できるだけ打算抜きのピュアな状態に保っておきたいものだ。

ところで、私のアンテナは、というと、我ながら忙しいアンテナだと思う。「おや？」と思うと、気になって仕方がない。それを知ったからといって何の役に立つわけでもないのに、見過ごすことができないのだ。

以前こんなことがあった。浜松町から羽田に向かうモノレールの車中でのこと。

向かいの席に座った二十歳ぐらいの女性が、ちょっと変わった装いをしていた。膝下から足首までレッグウォーマーのようなものをつけている。クシュクシュッとたるませているところはルーズソックス風なのだが、よく見ると、「穴ぼこだらけの布きれ」。それで、腕にも同じように筒状の布を通している。長い手袋の先を切ったような形のものを、両腕につけている。

これは何だろう。どう見ても恰好いいとは思えないんだけど、新しいファッションなんだろうか。洋服の一部を使って、自分でつくったんだろうか。それとも、こういうものが売られているんだろうか。そのうち、街中が「脚絆《きゃはん》、手甲《てっこう》ルック」の女の子だらけになるのかしら。

気になって仕方がない。よほど、席を立って聞きにいこうかと思ったくらいだ。

モノレールを降りるときに、通路で近くに立ったので聞いてみた。

「ねぇ、これは今、流行りのファッションなの？」

いかにも好奇心で聞くのですが、という顔をしていたのだと思う。彼女も嫌な気持ちはしなかったのだろう。すんなりと答えてくれた。

「いえ、そういうわけじゃなくて。自分のオリジナルというか……」

脚絆、手甲ルックが流行りというわけではないらしい。ちょっと安心した。それと同時に、その女の子の受け答えのおかげで、「あれ?」と思ったことが、その場で判明して、私は楽しい気分になった。

アンテナを張っていると、そんなささやかだけど思いがけない喜びも得ることができるのだ。

19●初体験をどんどんしよう

おもしろそう、と思ったらとりあえずやってみる。やじうま精神には、そんなノリのよさも必要だと思う。

大人になると、たいていのことは知っている気になるし、だいたいのことは体験してきたという気になるものだが、その思い込みが人間としての成長をストップさせてしまうと私は思う。

未体験のことにトライするのは、自分の中に新しい楽しみをひとつ取り込むことになる。それがきっかけで、アンテナを違う角度で張りめぐらすようにもなる。すると、ますます好奇心とやじうま精神は活発になる。

「あら、こういう楽しみもあるのね」

という初体験の感動は自分自身にとってのエネルギー源になると言ってもいいかもしれない。

私の最高の初体験はといえば、ファッションショーのモデルをやったことだ。まさか、モデルをやる日がくるとは、想像だにしなかったこと。まったく、何があるかわからないから、人生はおもしろい。

初体験の舞台はデザイナーの鳥居ユキさんの着物ショー。「鳥居ユキが自分が素敵だと思う人に登場していただきたく」といった内容のオファーがあった。

私は着物を着る機会は普段はほとんどない。実は自分の着物は一枚も持っていない。何年かに一度、媒酌人を頼まれて着物を着なければならないときには、借り物ですませる。

テレビ番組で、お正月だから、みんな着物で出ようというときも、番組のスタッフに揃えてもらって着た。

長い人生の中で、着物を着たのはせいぜい四、五回ぐらいだろうか。それで、いきなりモデルの話だ。

ところが、不思議なことに、着物のショーに出てほしいと言われたとき、

「なんで、私なんですか？」

ということは聞かなかった。そんなことよりも、おもしろそう、という気のほうが勝ってしまうのだ。

「うん。私はけっこう着物は似合うと思う。だいたい、着物ってものは昔の人の体型をきれいに見せるようにできてるんだから。なで肩で背の低い私はまさに着物向きの体型じゃないかしら。よし、ここはひとつ、スーパーモデルとまではいかなくても、モデルをやらせていただきましょう」

と、なんだかウキウキしてきた。打ち合わせの日には、自分が着る着物を試着したくらいで、簡単に終わってしまった。

さて、当日。ショーは順調に進んだ。出演者はプロのモデルの人たちではなくて、歌手もいれば、女優もいる。ユニークな顔ぶれで、ひと味違う着物のショーだった。

なにしろ、着物を着て歩いている私たち自身が楽しいのだ。

当日のテーマは浴衣。そこでバックグラウンドの音楽はラテン系の軽快なものだった。

先陣を切って舞台に出たのは、モデルの中で最高齢の私。音楽に合わせて、踊りながら出ていったものだから、会場の人たちが手拍子をし始めた。

これがまた、なんとも言えず楽しいのだ。続いて出てくる、若い女の子たちも、踊りながら出てきて、お祭りのような雰囲気になった。

嬉しかったのは、ショーを見ていた人たちからの声だ。ショーのあとで、

「金先生、ホントに楽しそうでイキイキしてました」

「見てるこっちも、楽しい気分になりましたよ」

と言ってくれた方が何人もいた。

それを聞いて、私は幸せな気分になった。自分も楽しくて、見ている人も楽しんでもらえたら、こんな幸せなことはないじゃないか、と。

かくして、私のモデル初体験は、「エンターテインすること」の喜びの発見にもなったというわけだ。

それにしても、私にモデルをやらせた鳥居さんもなかなか「目利き」の人だ。私がこういう雰囲気にノリやすく、陽気に踊りだしてしまうタイプだということは、すっかりお見通しだったに違いない。

20●態度にこそＴＰＯが必要

着物ショーに出て、あらためて思ったことがある。それは態度にもＴＰＯがあるということだ。

「なにも、六十すぎた人が舞台でスポットライト浴びて踊らなくても……」という反応ではなくて、

「白髪の金先生が踊ってるのがチャーミングだった」という感想を持ってもらえたのも、あの場が、「ノッて楽しむのをよしとする場」だったからだと思うのだ。

妙に照れたり、あるいは、気取っていたら、むしろその場の雰囲気に合わなかっただろう。

ＴＰＯというと、服装について言われることが多い。

かしこまった場に出かけるときには、服装はどうするか、バッグはこれだろう

か、あれだろうか、というふうに。

しかし、身にまとうものだけをTPOに合わせることより大事なのは、態度や言葉や表情なのだ。

その場の空気や人の反応を察知して、明るく盛り上げるのか、あるいは凛とした態度を貫くのか、その判断ができなければ、賢明なTPO感覚の持ち主とは言えない。

そして、その感覚というのは、服装のTPOのようにマニュアルとして本に書けるようなことではないから、自分の経験で身につけていくしかない。

TPOに合った態度がとれるかどうかで大人の女の価値が決まると言ってもいいかもしれない。

経験してきたことを無駄にしないで、頭の中でこんなシチュエーションのときにはこんな態度をとるべき、と瞬時に判断できるなら、

「無駄に長く生きてるわけじゃないからね」

と堂々と言えるというものだ。

堂々として、といえばこんなことがあった。二月の寒い時期に福島まで行かなければならない用事があり、朝早く浅草駅に出かけた。

電車の出発時刻まで時間があるのでトイレに行くことにした。トイレまでの通路に足を踏み入れて、ハッと見たら、通路にはゴロゴロと人が寝ている。朝からお酒を飲んで円座になって話し込んでいる人たちもいる。どうやら通路は彼らの仮眠室や談話室になっているようだった。

私の前を歩いていた女性は、通路に足を踏み入れたとたん、グルッと回れ右して戻ってきた。

でも、私は引き返すのがためらわれた。

「あなたたちがいるからそこは通りません」

と言うようなもので、いくらなんでもそれでは人間として失礼だと思ったのだ。なんでもないわというふうに、スタスタとトイレに向かって歩いて行った。

そしたら、通路にたむろしていた人のひとりから、

「お、いい女だね」

という声が背中に聞こえた。これが、なかなかの名調子で、私は振り向いて、

「ありがとうございます！」

と手でも振りたい気になったが、さすがにそこまでやるのは調子に乗りすぎかと思ってやめておいたけど。

寒い中、行くところもなく駅で暖をとっている彼らは、「あらやだ。こわい」と、人から避けられたり、うとまれることがたぶん多いと思う。

スタスタとなんでもない顔をして歩く私に「心意気」のようなものを感じて、「いい女」と言ってくれたのだろう。

その人と会話をしたわけではないけど、

「あんた、そこいらのおばさんじゃないね」

「そりゃそうよ。こっちだって伊達《だて》に長生きしてるんじゃないんだから」

と、声には出さないセリフをやりとりしたような気がした。

なんとも、おもしろくて、元気が出るような体験で、あのときのことは、ときどき思い出すと、クスッと笑ってしまう。

21 ● 気合と精進で健康を手に入れよう

「どうして、そんなにいつも元気なんですか？　何か特別な健康法でも？」

こんな質問を受けることがよくある。

いつ会っても、よくしゃべり、早足で歩く。そんな印象を持たれることが多いようだ。特別、これといった健康法はない。

ただ、体も心もよいコンディションを保つための「気合」はいつも持っているように思う。

誰でも、病気をすることもあれば、なんとなく体調不良が続くということもある。いつもピンピンしているように見える私でも、四十肩、五十肩、とこれまでに二回、腕が上がらなくなったことがある。いわゆる更年期の症状のひとつだったのだろう。

しかし、しんどいときに、私は愚痴《ぐち》をこぼすのが嫌なのだ。

「腕が上がらないのよ」

と家族や知人に言ったからといって、肩の痛みが治るわけではなし。言ってもしょうがないことは言うまい。病は気から、というからなるべくこのことは考えまい。

そんなふうに思って、あの時期をやり過ごした。

寄ると集うと、あそこが痛い、こんな検査をしたと、病気の話をする人たちがいるけど、あれはかえって更年期の症状をひどくするのではないかと思うのだ。

もちろん、更年期とひとくちにいってもさまざまな症状がある。医者の治療が必要な場合もあるとは思う。しかし、そんな場合でも、深刻になりすぎず、自分の体調の変化にあわてふためかないという姿勢が大事だと思う。

自分の体の不調が天下の一大事みたいになってくると、そのことで頭がいっぱいになって、何をしても楽しくないし、自分だけが大変な目にあっている気がしてくる。憂鬱な気分を自分で拡大再生産しているようなものだ。

「気合」で治す、というよりも「気の持ちよう」。体ともうまくつきあっていく秘訣はそこにある。更年期に関して、私は体験的にそう思う。

「気の持ちよう」と同じくらい健康に欠かせないものが、もうひとつある。日ごろの精進《しょうじん》だ。

夜更かしをしない、きちんと食事をとる、外出先から帰ってきたら手を洗ってうがいをする。

体調を崩さないように、自分の毎日の生活リズムをコントロールすることが、すなわち精進。ごく当たり前のことを、続けることが何よりも大事なこと。

自然治癒力という言葉が注目を浴びている。人間には本来、自分の体に起きた異常を自分の力で治す力がそなわっているらしい。ガンでさえ、自然治癒力の差によって症状の出方に違いがあると言われている。虫歯以外は自然治癒力がものを言うということか。

その自然治癒力を高めるのは、「特別な方法」ではなくて「まっとうな生活」にあるような気がする。

最近の健康ブームでは、ワインのポリフェノールがいいとなるとワインブーム、もずくに殺菌作用があるらしいとなるとスーパーでもずくが売り切れになる、なんてことがあるらしい。

「健康にいいらしい」と聞くと、試してみるのはおおいにけっこうなことなのだけど、「これさえ食べていれば病気にならない」などということはあり得ないと思うのだ。流行りの健康食に飛びつく人に限って、日々の生活をなおざりにしている人が多いのは皮肉なことで、健康ブームはそうなると本末転倒になってしまう。

「体にいい」とされている食べ物、あるいは運動は、あくまでも普段から食事を含めた生活全般がちゃんとしてこそ、効き目が現れるということを頭に入れておかなくてはならない。

ダイエットブームについても、同じように「本末転倒」を感じる。

中高年の場合、太りすぎは体によくないから、という理由でダイエットを始める人が多い。たしかに、太りすぎは体に負担を与える。ところが、体重を落とすことだけを目標にして、一カ月で十キロ痩せます、などというダイエット法があまりに多すぎる。

私のまわりでもダイエットをする人がいるけど、見ていると、最初は体重が減って「ダイエットに成功したのよ」と喜んでいても、食欲を無理して抑えるせいで、そのうちにだんだんストレスが溜まって、イライラしたり、意欲がなくなったりする人が少なくない。

それでも、かたくなに、

「せっかくダイエットし始めたのだから、続けなきゃ」

と、思い込んでいる人に会うと、ダイエットの怖い一面を見る気がする。正常な判断力をなくしてしまっているように感じる。あまりに過激なダイエットをすると、脳に栄養が回らなくなってしまうのだろうか。思考力がストップしてしまっては、何のためのダイエットかわからない。

私は自分が食いしんぼうだから、食べたいものはおいしく食べたいと思う。太らないように量のコントロールはするけれど、基本は節度を持っておいしく食べること。そんな精進が何よりも確実なダイエットになると思うのだ。

22●朝の儀式を持とう

私の一日は、ゆっくりと一時間かけて食べる朝食から始まる。

大きなモーニングカップになみなみと注いだカフェオレ。おいしいパンとバターとジャム。そしてオレンジをひとつ。これが何十年も続けている、朝のメニューだ。

ひとつずつに、私なりのこだわりがある。

カフェオレは牛乳がたっぷりでなければいけない。ていねいに淹《い》れたコーヒーに熱く温めた牛乳をたっぷり入れて、ひとくちすする。

「あー、なんておいしいんでしょ」

と、毎朝、幸福な気分になる。世界中のどこで飲むカフェオレより、うちで飲むこのカフェオレがおいしい。

トーストは厚めに切ったパンをまずトースターで軽く焼く。そのあとでバターをしみ込ませてもう一度焼く。バターの香りが漂ってきて、こんがりと焼き目のついたところで、トースターから取り出す。

さて、焼き上がった厚切りのトースト。耳の部分を皿の上で、きれいに切り離し、まずは中の柔らかい部分を食べる。その間に、切った耳にあらためてバターを塗って焼く。ダイニングテーブルとトースターの間を三往復することになるのだけど、バターを塗り直して焼いたパンの耳がまた格別の味なのだ。

耳にジャムやチーズを乗せて食べる。今日は、アプリコットジャムとブルーチーズにしようか、今日はマーマレードだけで食べようか、と何を塗って食べるかは日替わり。

パンを食べ終わるまでに、だいたい三十分ぐらいはかかる。

そのあと、オレンジに取りかかる。おもむろにナイフを取り出して、まず上をちょんと切って、外の皮にナイフの切れ目を入れ、これをきれいに剝《む》く。

そして、ひときれずつフクロを剝いて、中身を食べる。これで朝の儀式は完了する。

急いでいるときは、パンのところで中断して出かけなければならない。飛行機や新幹線の中で、バッグからこっそりオレンジを取り出して食べているシルバーグレーのばあさんを見かけたら、それが私だと思ってください。

オレンジ部門で三十分はたっぷりかかる。

この合計一時間の朝食は私にとっては一日の始まりの儀式のようなものだ。さして贅沢《ぜいたく》なものを食べているわけではないけど、とても豊かで幸せな時間だ。

「さて、今日も一日、頑張りますか」

と、健やかで明るい気分にさせてくれる。この儀式が元気のもとになっている気がする。

旅先でも、カフェオレ、パン、オレンジの三点セットの朝食は欠かさない。ホテルのルームサービスで熱いコーヒーとピッチャーに入った牛乳を持ってきてもらうのだが、たいてい牛乳の温度と量が足りない。

台湾で定宿にしているホテルで、私が泊まるたびに、

「牛乳は熱くなくてはいけない。たっぷりなければいけない」

と言うものだから、近ごろでは、「いつもの」と言うと、ルームサービスの係の人も、要領を得てリクエストどおりに持ってきてくれる。

どこに行ってもこの朝食を実践しようと思うものだから、ときにはオレンジを滞在日数分持参することもある。

そこまでして、理想どおりの朝食をとりたいと思うのは、体の健康のためだけでなくて、心の健康にも欠かせないからなのだ。

「こうして、ゆったりと好きなもの食べて一日を始められる」という気持ちが一日を幸せにしてくれるから。

幸せというものは、案外、こんなささやかなところから広がっていくものなのではないだろうか。

私の場合はそれが朝食だけど、朝の儀式は何であってもいい。庭の花に水をやることでもいいし、空気のきれいなうちにゆっくりと家の近くを散歩することでもいい。しばし頭をからっぽにして、シンプルに、「あー、幸せ」と思えるような時間を、朝、持つことをおすすめする。

23●コンディションづくりが幸せの鍵

いくつになっても、好奇心を持ってイキイキと過ごす。それが人間としての成長にもつながるし、人にも自分にも幸せを与えることになる。この章で言いたいのはそのことなのだ。

ところで、私がこれまで接してきた人で、女性でも男性でも、「素敵だな。この人と話をしていると楽しい。こっちまで元気になってくる」と思った人を観察してみると、ある共通点に気がついた。何ごとも楽しむ精神を持っているのだ。

仕事に追われて、てんてこまいのとき、必死に働きながらも、「どうせ仕事するなら、楽しくやらなきゃね」と、忙しさにつぶされないタフさがある。

「こういうときだからこそ、楽しい仲間に会って、気分転換も必要だわ」

と、リフレッシュすることを知っている。息が詰まりそうなときに、ふっと心のコンディションを立て直すことができる。

そんな人を見ると、私は、

「これも、この人の能力のひとつだな」

と思う。

私自身も、たぶんその才能はあるほうだと思う。「そのノー天気さも一種の才能」と言われたことがある。

どのくらい前のことだろうか。まだ子供たちが小学生で、子育てと仕事で目が回るような毎日だった。台湾の知人が三人で我が家に遊びにきてくれたことがあった。

当時、私は台湾当局のブラックリストに載っていて、台湾に帰れなかったし、日本でも大変な生活をしているだろうと、心配してくれたのである。

たしかに、大変な時期ではあった。狭い部屋に暮らしていたから、子供たちをひと部屋に押し込めなければ、彼女たちに泊まってもらうためのスペースはつくれなかった。

おもてなしをするにも、私の手料理を振る舞うくらいのことしかできなかった。

けれど、久しぶりに会った私を見て、知人たちは、

「幸せそうにやっていて安心したわ。ダンナさんは優しいし、言うことないわね」

「苦労話をたっぷり聞いてあげるつもりでいたのに、その必要もないみたいだね」

と言ってくれた。

そして、

「何があっても、そうやって明るくノー天気にやってると、幸せが呼び込まれてきちゃうのかしらね」

と、私を見て言うのだった。言い得て妙。

どういう生活の中でも、楽しもうと思えば、いくらでも楽しむことはできる。

人と接して、どんどん新しいことを吸収したいし、人にも自分から刺激を与えた

い。当時も私はそう思って毎日を過ごしていた。

大変ながらも、心は開放していて、コンディションは上々だった。苦労話よりも、そんなときでないと体験できないことをおもしろおかしく話したかった。

話をしながら、

「うん。なんとかなる」

と自分自身を励ましてもいたのだと思う。

クヨクヨ考えるよりも、今を楽しもうとすることが、幸せを引き寄せる最大の鍵なのかもしれない。

子供に教えたい「実生活」の知恵

親に「厳しさ」という愛情がなければ
「愛される子」はうまれない。
自分を生かしながら
生活できる子に育てるためには何が必要か。

24●社会の主役は大人

子供を育てにくい時代だ、という声をよく耳にする。

突然キレる子供たち。イジメの問題。登校拒否……。子供たちが抱えている問題は、たしかに深刻だ。

しかし、子供を育てにくいのは「時代」のせいなのだろうか？　私はそうは思わない。

「時代が悪い」「学校教育のシステムが悪い」「競争社会が悪い」と、親たちが自分以外の何ものかのせいにしていること自体が問題なのだ。

そもそも、社会全体が悪い、時代が悪い、と人ごとのように言うのはおかしなことで、親である自分たちも社会や時代をつくっている人間。その自覚がないのは、大人として甘えているとしか思えない。

社会が悪いと言う前に、自分自身の価値観がその風潮を煽ることに加担していないか、あるいは、無自覚に同調していないか。大人がそのことを問い質してみる必要があるのではないだろうか。

大人たちが無自覚に同調している「社会の風潮」の最たるものが、「お子さま文化」だと思う。

子供がほしがるようなキャラクターが食品にも家庭用品にもプリントされている。テレビのコマーシャルもアピールのターゲットは子供。

大人のニーズよりも、子供たちの「好み」のほうが優先されるものがなんと多いことか。その上、子供と一緒になって、親も、

「あら、これカワイイ」

「これが流行ってるのよね」

と、すっかり子供の趣味、嗜好《しこう》とお揃いになってしまっている。それが「お子さま文化花盛り」の日本の現状だ。

これでは、子供が「自分たちが主役」と思うのも無理はない。家の外でも中でも、自分たちの欲求が最優先されると錯覚する「王子さま」や「王女さま」になってしまう。そして、大人たちも、無自覚のまま子供文化に染まって、幼稚な大

人になってしまっているのだ。

幼稚な大人が「王子さま」や「王女さま」にものを教えて、説得力を持つだろうか？

子供に何を教えるか、どんなしつけをするか、という問題の前に、社会の主役は大人であり、家庭の主役は親だということを、大人自身がしっかりと認識するべきなのだ。

このことは、目下子育て中の母親、父親たちだけの問題ではない。まわりの大人たちも「お子さま文化」を助長しない態度が必要だと思う。子育てが終わった人、子供がいない人が無関心でいると、本当の大人が生きにくい世の中になってしまう。

「子供中心」が当たり前と思っている人に、「それは違うでしょ」と言える大人が増えれば、社会の風潮も変わってくる。

ところが、はっきりと言う人は少ない。キツイ人と思われたくないために、しぶしぶ容認しているのではないだろうか。

私は、そんなときもズバッと本音を言ってしまう。先日も親友の娘が台湾から日本に遊びに来ていた。彼女は台湾の交響楽団でバスーンを吹いている演奏家で、グルメ。その彼女が、おいしいフレンチレストランに連れて行ってほしいと電話をかけてきた。本格的なフランス料理を出す店を人に教えてもらったとかで、一度行ってみたいという。そのときに、

「子供も行きたいって言うんですが、いいですか？」

と聞かれて、私は、

「子供と一緒ならイヤよ。置いてくるんだったら行ってもいいけど」

とはっきり言った。六歳の男の子を連れて行くような店ではないのだ。子供はその場にそぐわない。ファミリーレストランに連れて行くのとは、事情が違う。

それに、子供のことが気になって、ゆっくり会話も食事もできない。彼女は店にも私にも気を使いながら過ごさなきゃいけないし、一緒にいる私も、それでは楽しくない。大人同士で楽しむ時間に、子供を連れて来てほしくないのだ。

彼女は私の言うことに納得した様子だった。

母親になると、子供と自分がワンセットで、どこに行くのも子供連れで行くことが自分自身にとっては当たり前のことになりがちだ。たしかに、子供が小さい

うちは仕方ない面もある。

しかし、だからといって「大人の常識」に鈍感になってしまってはならない。大人としての判断基準をしっかりと持っていることが、「社会の主役」である大人の責任だし、説得力のある親であるための大前提なのだ。

25● 信念のない親に説得力はない

子供を育てる、ということは、自分の人間性が試されることでもある。母親になったとき、その自覚があるかないかが、子育てを大きく左右する。

今は「結婚して子供を持つのが女性なら当然」という時代ではない。女性の生き方も多様になっており、自分の人生は自分で選択できる。母親になる、ということも自分の人生の中の選択のひとつなのだ。

ただし、それはとても重要な意味を持つ選択だ。母親になることで、自分自身の生活は変わる。家庭の中にひとり、あるいは何人か人間が増えるのだから、自分のことだけを考えていればいい、という状況ではなくなることは明らかだ。

さらに、生まれたばかりの子供が一人前の人間になるまでに、親としての責任というものがある。思いどおりにならないからといって、途中で投げ出すことはできない。

子供を持つ、ということは、そういう意味で、新たに責任をひとつ増やすことなのだ。

そこまでは、母親になった多くの人たちは自覚していると思う。もっとも、それさえも自覚していない人も、昨今は多いようだけど。

ところで、「責任を負う」という自覚の上で、もうひとつ大事なことがある。「母親として」という役割が加わった自分の人生を、いかに生きるか、というテーマだ。

「自分の人生？　そんなことより、まず子供の幸せを考えます」

「とにかく、この子たちが幸せになってくれることが私の幸せです」

母親になったと同時に、子供が人生の中心になってしまう人がいる。彼女たちの声は母性愛に満ちて、素晴らしく聞こえるかもしれない。

しかし、はっきり言うが、私には、そういう母親たちは自分の人生を子供に託すことを選択した人に思える。積極的に選択したわけではないにしても、自分の役割を「母親としてだけ」に、自分で限定してしまったように思える。

よい母親であろうとすることが悪いというのではない。母親になったことで、自分の役割を限定し、視野や考え方を狭めるとしたら、それは残念なことだと思う。

自分の人生を子供に託すような考え方が、子供を主役にして、愛情という名で子供を甘やかすことにつながっているのではないかと思う。

子供に対する母親の「過保護」「過干渉」もそのことと無関係ではないはずだ。「母親として」という役割が加わろうと、加わるまいと、自分の人生をまっとうする気持ちが必要なのではないだろうか。

私がイギリスに留学をしたのは、娘が小学校四年生、息子が三年生のときだった。

「ケンブリッジに行ってくるわ」

と、夫に子供を預けて、一年半の間、日本を留守にした。

なんて思い切ったことを、とまわりのお母さんたちにはあきれられた。だけど、私は女の人も男の人も一人分の仕事をしているだけじゃつまらないと、つねづね思っていた。

結婚、出産、子育て、仕事、と女の人生をフルセットで全部やってやろう。二人分、三人分の仕事をしてもいいじゃないか。スーパーウーマンになるんだと、自分に言い聞かせた。

子供の成長だけを楽しみにするのではなく、自分自身も成長することをめざす。「子供のため」と言って、エクスキューズをするのではなく、自分の信念は貫く。母親である前に、ひとりの人間として自分自身を見失わないこと。そんな「骨格のしっかりとした大人」であることが、親としても大事なことなのだ。

そうでなければ、子供に言うべきことも言えない。言ったとしても、信念を持たない親の言葉に説得力はない。

「お母さんになって、あの人なんだか変わったたね」

そんな会話を女同士ですることがあると思う。

おおらかになって性格が丸くなったとか、母親ならではのたくましさを身につけた、という意味で褒め言葉という場合もある。

しかし、「自分の子供のことしか考えない人になったね」という意味で言われることも多いと思う。

母親という新しい役割が加わったときは、女性として正念場。より素敵な人間になれるか、反対に、それまでせっかく育ててきた自分自身を見失うか、心掛け次第で、その後の生き方を左右するポイントに立っている。

母親になった自分がいったい人からどう見えるだろう、と客観的に自分を見つめ直すことも必要だと思う。

悪いことは悪いと自信を持って言える「判断基準」を自分の中に持ち続けているか。

あわただしさに追われて、「しょうがないから、こうしておこう」と、流されることはないか。

好奇心のアンテナを張っているか。自分自身を高めるための努力をしているか。

そんなふうに自分自身をときどきチェックしてみることをおすすめする。

子育てに悩むとき、自分はいい母親かどうかばかりにとらわれていると、悩みは解決できない。

ひとりの大人として、子供に堂々と接することができる、という確信が持てるような自分であることが大事なのだ。

その確信があれば実は子育ての悩みの大半は解決できる。

26●おそるおそるの子育ては、子供にナメられる

以前、テレビの番組の中で、現代の子供たちがこれほど問題を抱えているのはどうしてなのか、というテーマで討論をしたことがある。

その中で、ある人が「思い残し症候群」というキーワードを使った。

「親に甘えたかったけど、甘えさせてもらえなかった」

「本当はあのときこうしたかったけど、親に反対されてできなかった」

そんな思い残しがあるまま、十代、二十代を過ごすと、大人になりきれない。「思い残し」がトラウマにもなることがあるし、心の成長を妨げる。

という説を、「思い残し症候群」という言葉で説明していた。大学で社会心理学などを教えている先生だった。

そんなふうに、すぐにキャッチフレーズをつけて、もっともらしく解釈することに私は反対だ。

「思い残し症候群？　そんなことを言うのは思いつき症候群よ」

と言いたいくらいだ。

というのも、ただでさえ、子育てをしている母親たちは迷っている。子供とどう向き合えばいいか、不安を抱えている人がたくさんいる。

そんなところに、「○○症候群」と、一見学問風のキーワードが耳に飛び込んできたら、彼女たちの不安はますます助長される。

「厳しく育てなきゃ、と思っていたけど、それは間違いだったのか……」

「子供が思い残すことのないように、何でもさせてやるべきなのか……」

と、今までの育て方を考え直す人もいるだろう。

マスコミが次々と新登場させ流行させる、一見、目新しい情報が、実は親たちの不安を煽っているという面があると思う。

子供を育てる上で、何がいけないといって、親の気持ちがふらふらして、信念が定まらないのが一番いけない。借り物の思想に振り回されるのが一番いけない。

何が子供にとっていいことか、悪いことか、親自身が自分で決めて、信念を持って子供に伝えなければ、本当の教育にはならないのだ。

「こんな接し方でいいんだろうか」

「子供が機嫌を悪くして、言うことを聞かなくなったらどうしよう」

と、おそるおそる、腫《は》れ物にさわるように子供に接していては、子供は親のことをナメてしまう。

子育てに関する情報があふれ、ときにはインパクトのある言葉で説明されることもある。しかし、それらの情報に踊らされてしまってはいけない。

「そういう説もあるかもしれないけど、うちはこの方針で育てる」

という姿勢が必要だと思う。

ところで、「思い残し」問題についての私の個人的な考え方はこうだ。

思い残しのない人生など、あり得ない。思い残すから、それを達成するために努力をするのが人間だと思う。

「こうしたかった。でも、できなかった。では、どうしたら、できるようになるのか」

と自分の頭で考えて、自分で行動して「思い」を叶えていける子供に育てることが大事なのだ。

小学生なら小学生なりに、考える力はあるのだから。

「この子が思い残すことのないように」と、親が先回りして、願いを叶えてやったら、子供は自力で達成する方法を身につけることができない。達成したときの喜びも得ないまま大人になってしまう。

思い残しがあるから、心が成長しない子供が増えたのではなく、思い残しをいかに自分で克服するか、その方法を学んでいない子が増えたのだ。

子供の願いを何でも叶えてあげるのが親の愛情と思うのは大間違い。

子供はいずれ厳しい世の中に飛び立っていかなければならない。それまでの間に、子供の成長を見守りながら、子供が自分の頭で考えて、自分で歩いていけるように訓練をするのが親の愛情だと私は思っている。

私は子供たち、息子ひとりと娘ひとりを、そんな信念を持って育ててきた。子育てに悩んだこともあったけれど、そんなときは、

「子供が自分で生きる力をつけるためには、どうするべきか」ということを基準に考えた。人から見たら、「厳格な子育て」に見えたかもしれない。しかし、「思い残し」を親のせいにする人間にはなっていないところを見ると、私の子育てはさほど間違っていなかったと思う。

27● 泣いてる子供に教えるべきこと

先日、デパートの入り口で人と待ち合わせをしていたとき、私のそばに二歳くらいの子供を連れた女性がいた。

子供が入り口付近をちょこまか歩いているうちに、コーナーに置いてあるゴミ箱にぶつかってしまい、ビーッと泣きだした。

このお母さん、どうするかなと思って見ていると、子供のそばに駆け寄って、

「痛かったね。痛かったね。もう大丈夫よ」

と子供をなだめる。そのあと、

「こんなところにこんなものが置いてあるから、危ないのよね」

と言いながら、ゴミ箱を手でたたいてみせるのだった。

おやおや、悪いのはゴミ箱かしら、と私は思いながら、うちの子供たちが小さかったころのことを思い出した。

ハイハイができるようになると、子供はうちの中をさかんに探検して、そこかしこにぶつかっては泣く。

息子にもそんなことがしょっちゅうあった。あるとき、机の脚におでこをぶつけて、火がついたように泣いたことがある。

そんなとき、うちではどうしたか。

「机さんが痛いって言ってるよ。フウフウしてあげなさい」

と、教えた。

机はいつもこの場所に置いてあって、ぶつかったのはあなたのほうなのだということを言って聞かせる。

息子は、意味がわかっているのかどうかは別として、とりあえずは泣きやんで、私の真似《まね》をして、机をなでる。そうしたあとで、子供の頭を私はなでる。

私が子供に教えたかったのは、自分が痛い思いをしたのは自分の行動の結果なのだ、ということだ。

小さな子にそんなことが理解できるかしら、と思う人もあるだろうが、これがちゃんとわかるものなのだ。一歳の子は一歳なりに学習能力というものがある。

もちろん、子供のことだから、その後何度でも、ぶつかったりころんだりするのだけど、少なくとも、自分が「被害者」ではないということはわかってくる。そのうち、おぼつかない足どりながらも、ソファの背など自分がつかまって立つことのできるものを確保しながら歩くようになる。

痛い思いをしたくなかったら、自分の行動に気をつけるしかないんだと、子供なりに考えてるのだな、とおもしろく思ったものだ。

子供というのは、ごくごく小さいときから、ひとつひとつ経験を積み重ねた上で、成長していく。

そのことを理屈としてわかっているだけでは、親がしつけをしているとは言えない。子供に接するときの親の具体的な行動が、しつけそのものだと思う。

三つ子の魂百まで、とは昔の人はうまいことを言ったものだ。泣いたら親が飛んできて、よしよし、と無条件になぐさめてくれた子は大きくなっても、「自分が何をしたからこうなったのか？」と考えることはなしに、何でも人のせいにしてしまう。

甘やかすことは、子供本人の人間としての成長を邪魔することになるのだ。

28●約束事の厳しさは身をもって体験させる

子育てやしつけに、「このしつけ方が一番」という方法はない。何歳までに、はしの使い方を覚えさせ、何歳までに人にあいさつできるようにさせなくては、などとマニュアルに従ってしつければ、間違いのないしつけができるというものではない。

大事なのは、何を教えたくて、そのしつけをするかということなのだ。

そのことをはっきりと親が認識していないと、しつけは「ただ厳しく接することと」になってしまう。

例えば、子供に「我慢《がまん》すること」を覚えさせるのは、何のためか？

「我慢すること」そのものに価値があるわけではないのだ。

「自分がそれなりのことをしなければ、自分の望みは叶えられない。人が何でも叶えてくれるわけではない」

ということを、身をもって子供に知ってほしいから、「我慢しなさい」と教えるのだ。

「約束事を守れなかったり、やるべきことをやらなかったら、そのために被《こうむ》る不利益は我慢するしかない」ということを教えるのに、親は厳しくならざるを得ない。

息子が小学校の五年生のころのこと。彼は旅行が大好きな子で、夏休みにひとりで旅行に行きたいと私に申し出た。

子供が何かをしたいと言ったときに、無条件にはOKしないのが我が家の子育てのポリシーである。

「旅行のプランを自分で立てなさい。パパとママが見て、これなら大丈夫という計画を立てられたら、行かせてあげる。もうひとつ、一学期の残り、勉強をちゃんとやること。勉強をまじめにやったかどうかは成績で判断するからね」

と、ふたつの条件を出した。

息子は着々と準備を始めた。旅行代理店に行って相談したり列車のダイヤを調べたり。ユースホステルの会員になるために、写真を撮りに行く。宿に電話を入れ、自分で予約をする。

それはそれは綿密に計画を立てていた。

「どうだ。ちゃんとしたプランでしょ。心配はないでしょ」

と、親を説得するため、あらゆる知恵を使っていた。

さて、一学期の成績表をもらって来た日。彼に審判が下る日でもあったのだけど、通信簿と旅行のプラン表を揃えて、私たちの前に出した。

肝心の成績はというと、目標をクリアしていなかった。

それで、夏のひとり旅はキャンセルさせることにした。

「これは約束事なんだから。勉強も頑張らないと行かせない、と約束したよね」

旅行をあきらめなければならなくなったのは、誰のせいでもなく、自分の責任だ、ということが、息子は身にしみたと思う。

それでも、息子は「交渉」をしてくる。宿の予約までしてあるのだから行かせてくれ。勉強は二学期絶対頑張るから、と執念で頼み込む。

こんなときは親もつらい。息子が旅行をどんなに楽しみにしていたか、誰よりもわかっている。小学生がよくまぁこんなに見事なと思うほどのプランをつくったのも、我が子ながらなかなかのものだと思う。

「勉強は、この次、頑張るのよ」

と言って、子供を旅行に行かせるほうが、どれだけラクか。

けれど、そこで、親が最初の約束を貫かなかったら、子供は「そんなものか」

と、約束事を甘く見てしまう。

だから、感情的にはつらいけど、親としては踏ん張らなければならない。安易なほうに流れては、教えるべきことは教えられない。親としての強さが必要なのだ。

ところで、子供の成績を交換条件にすることに反対の方もあると思う。例えば、成績が上がったら、何でも買ってあげる、どこでも連れていってあげるというやり方で、成績を上げさせようとすることには私も大反対だ。

「成績さえよければ、何でも親は言うことを聞いてくれる」

と子供は思ってしまうかもしれない。

私が成績が上がることを条件にしたのは、それが「子供自身の努力」を示す指標のひとつであるからだ。

そのことを、親が子供にちゃんと言葉で説明することも大事だと思う。納得すれば、子供は「努力して成績を上げるのも自分の責任」とわかるはずなのだ。

29 ● 責任を負わせる訓練をしない親が「キレる子」をつくる

今の子供たちはストレスが多いからかわいそう、と言われることが多い。友達関係もストレス、勉強もストレス、親があぁしろこうしろとうるさく言うのもストレス……。子供たちはストレスだらけ、ということになっているらしい。

子供に限らず、大人もなにかというと、「ストレスが多くて……」と言う。ストレス、ストレス、と言いすぎだと思う。

いったい、大人も子供もいつからこれほどひ弱になったのだろう。

ストレスが悪いものと決めつけている風潮があり、子供にストレスを与えてはいけないと、思い込んでいる親が多い。

その思い込みが、子供を育てる上で悪影響になっていないだろうか。ストレスを与えてはいけないと思うことが、子供に何も背負わせない、責任を取らせないということにつながってしまうと、子供たちはますますひ弱になってしまう。ストレス耐性がいつまでたっても養われないからだ。そんな子がちょっとのプレッシャーや、自分の思いどおりにならないことに耐えきれなくなって、感情を暴発させてしまう。「キレる」という言葉に象徴される、今どきの子供たちの問題行動は、ストレス耐性がないせいだと思う。

私は、子供にもある程度のプレッシャーというものが必要だと思う。ある程度の責任や役割を負わせる、という意味でのプレッシャー。

「あなたのするべきことはこれよ」

「これをしなければいけないのよ」

と言われれば、心理的なプレッシャーはたしかにかかる。ストレスにもなるだろう。

しかし、頑張って与えられた責任を果たしたときには、

「うん、できた。自分もこのぐらいのことはできる」

と、達成感を持つことができる。あるいは、期待に応えることができて嬉しい、という喜びも感じるだろう。

仮に頑張りが足りなくて、責任を果たせなかったとしても、

「あと、どのくらい頑張るべきだったのか」

と、自分の中で反省材料になる。それが次の努力につながる。

そんなふうに、プレッシャーを受けつつ、目標を達成していくことによって、自信が生まれ、チャレンジ精神も生まれる。これが人間の成長というものではないだろうか。

年齢に合わせて、親が子供に「責任」や「役割」を与えていくことは必要なことで、それに応じていくうちに、子供のストレス耐性も育っていく。

子供にストレスやプレッシャーを与えないように、過保護にすると、いつまでたってもストレスに対する免疫も対処法も身につかない。

そんな子供が、そのまま大きくなって大人になったら、どうやって社会の中で生きていけるだろうか。

人と接するのがイヤで、うちに「閉じこもる」若者たちも、その原因は、ストレスに耐える訓練、責任を負って生きる訓練をしてこなかったことにあるような気がする。

体力や学力と同じように、精神力も急に向上するものではない。小さいときから、少しずつ訓練を積み重ねていかなければ、丈夫な心の持ち主にはなれない。近ごろの母親たちの子育てを見ていると、その当たり前のことが、すっかり抜けているような気がする。

子供の成長過程に合わせて、そのときどきに適度の責任を負わせる、ということが親以外に誰ができるだろうか。

ストレスを排除した無菌室のような環境に子供を置くことではなくて、少々のストレスになどめげない子に育てるのが親の務めなのだ。

30 ●「うちの子だけは」を捨てよ

親はよその子供より自分の子供がかわいい。誰だって一番かわいいのは我が子。それは親の気持ちとして自然なものだと思う。

しかし、だからといって自分の子供のことだけを考えていると子育てはうまくいかない。

我が子かわいさのあまり、

「うちの子だけは、いい学校に行ってほしい」

「うちの子だけは特別な才能を伸ばしてほしい」

などと願っても、子供は環境の中で育つものだから、自分の子供だけ突出してうまく育つということはない。

子供が他の子供と接し、子供の社会ができる。近所のお友達、学校の仲間など、よその子もひっくるめて、子供のいる環境全体をよくすることが、自分の子供をよくすることになる。

子供が小学校の高学年になったときに、私は自宅で英語の教室を開いた。まともな発音を最初から覚えてほしかったからだ。

子供とマン・ツー・マンでは授業にはならない。近所に子供と同学年の子が何人もおり、彼らも英語を教わりたいと言うので、八人ぐらいのクラスをつくって、週に一度、英語を教えることにした。

情けないことに、八人の中で、最初に落ちこぼれてしまったのがうちの息子ともうひとりの男の子。

宿題を出してもやってこないし、先週やったことは、今週になったら、さっぱり忘れてしまう。

そのふたりは、遊びたくてしょうがないから、英語どころじゃないのだ。

発音がよくなって、英語をどんどん覚えていくのは、よその子ばかりで、やれやれ、という思いがしたものだ。

しかし、それでもいいのだと私は思った。よその子がどんどん力をつけていくことは八人全体の力がついていくことだ。

平均値が上がっていく、と言えばいいのだろうか。みんなが力をつけていく中にいると、引っ張られるように、なまけ組の我が子とその友達も、少しずつでも力をつけていく。

最初は我が子のためと思って始めた英語教室だったけど、そうなると、「うちの子だけが」などという気持ちはなくなり、「うちの子も含めて、この子たちみんなが」という思いで、全体のレベルが上がるのが楽しみにもなった。

それと、もうひとつ、「うちの子だけは」の考え方の危険なところは、子供が知らず知らずのうちにその考えに同調してしまうことだ。

親が「うちの子だけは」という気持ちを持っていると、子供はそのことを敏感に察知して、

「〇〇ちゃんよりは、いい点を取らなくては」

とか、

「クラスで何番以内にならなくては」

と、他の子と比較することが習慣になってしまう。他の子よりどれだけ優れているかが親の評価の基準だと、子供は感じ取ってしまう。人と比べることでしか自分の満足感を得られない、「自分さえよければ」という人間に育ててしまう。

成績はあくまでも人との比較ではなくて、自分が勉強したことがどれだけ身についたかが重要なのだと、親が態度で教える必要がある。親が「うちの子だけは」という態度を慎まなければ、子供はそのことを理解しようもない。

このことは、子供の勉強に関してだけのことではない。

子供たちのしつけ全般にも同じようなことが言えると思う。子供が友達と一緒に、高いところから飛び降りて遊ぶなど、危ないことをしていたとする。

自分の子供だけをその場から引き離して、叱り、

「これで、うちの子だけは、大丈夫」

で、すませてしまっては、ちっとも「大丈夫」ではない。一緒にいた、よその子に対してもやっていたことがどれだけ危ないことかわからせ、叱るべきなのだ。

よその子を叱ると、

「うちの子に何を言うんですか」

と、言われるのではないか、などという遠慮はいらない。

「うちの子も、よその子もない。危ないことはするな、と子供に教えるのが大人の責任なんです！」

と、きっぱり言える母親こそ、子供をちゃんとしつけられる母親なのだ。

31●子供の友人関係には立ち入れ

のびのびと育てなければ子供の能力は伸びないとか、その子らしい個性は生まれない、などという「子育て論」は、聞こえがよい。今どきの多くの親たちは、すんなりと、納得してしまうらしい。

しかし、「子供の意思は尊重されなければならない」という考え方が、親たちの間で迷信のように信じられているように私には思える。子供の「個性」や「意思」を過大に尊重しすぎているのではないだろうか。

もちろん、私も子供の個性は伸ばすべきだと思う。ただし、個性は野放しにしておけば伸びるというものではない。

親の子供に対する冷静な観察が必要なのだ。例えば気性の激しい子であれば、「下手をすると、とんでもない子になるかもしれない。この子には自分の感情をコントロールすることを教えなければいけない。そしたら、気性の激しさを、この子自身のパワーにできるはず」と、その子の特性をどのようによい方向に伸ばすか、親が見極める。それが、個性を大事にするということなのだ。

十分な判断力を持っていない子供の意思や自由に任せているのでは、親が子供を責任を持って育てているとは言えない。

子供の友人関係に口を出してはいけないと思い込むのも間違った「子供の意思の尊重」。むしろ、子供の友人関係に立ち入るべきだと思う。

親が子供の友達を選べ、と言っているのではない。大事なのは、子供に「人を見る目」を養わせるために、親が「人間の見方」というものを教えていくことなのだ。

私は、子供が小さいころ、よく子供たちの友達に関して話をした。

息子が小学校三年生のころのこと。かわいい女の子が転校生として彼のクラスに入ってきた。

その子はクラスのふたりの男の子と同時にノート交換を始めた。交換日記のようなことがクラスで流行っていたのだろう。

ふたりの男の子のひとりが、うちの息子だった。彼はもともとはそういう面倒くさいことは苦手な子なのだけど、相手がかわいい女の子だったから、張り切ったのだろう。

ある日、その女の子がうちに遊びに来た。なるほど、転校してすぐにみんなの注目を浴びるのもわかる。かわいらしい顔だし、頭もよさそうで人の気をそらさない話しぶり。

ただ、私は気になることがあった。

「ふたりの男の子とノート交換してるけど、どっちにしようかな」

と、男の子の気持ちを引きつけて、楽しんでいる様子がうかがえた。あの年齢でも、そういうことを心得ている子はいるのだ。

私はその子が帰ったあとに、息子に話した。

「あの子、ママはあまりいい子だとは思わないよ。ちやほやしてほしくて、気を引くようなことを言ってると思うよ」

「ふーん。そうかな」

と息子にはすぐにはピンとこない。ところがしばらくたって、学校から帰ってくるなり、

「ママの言ったとおりだよ。あの子、また別の男の子にノート交換しようなんて言って、クラスの中でだんだん嫌われてきた」

と言うのだ。私が言っていたことが、まんざら間違いではないということに、彼なりに納得したのだろう。

親は友達のどういうところを見て、どういう判断をしたんだろうと息子は考えたと思う。人を見る洞察力は、そんなふうにして少しずつ養われていく。

この子と一緒に遊ぶと明らかに悪い影響があると思って、つきあってはダメだと、はっきり言ったことも一度だけある。

息子と同級生の男の子で幼稚園のときからの友達なのだけど、その子のいたずらというのが年々ひどくなっていく。しかも、どういうわけか息子にまつわりつくようにして、どこに行くのにも一緒に連れていこうとする。

うちの子が、がんとして悪に染まらない性格の子なら、ひとこと注意するくら

いですませたと思う。しかし、息子はおもしろそうだと思うと一緒に悪いこともしかねない子だ。

そうなってからでは遅い。ある日、私はきっぱりと、

「あの子と遊ぶのはやめなさい」

と言った。親がそこまで言うくらいだから、ただごとではないと思ったのだろう。それきり、息子はその友達とつきあわなくなった。

そんなことがあって、かれこれ二十年近くたったあるとき、ひょんなところでその男の子の名前を見て驚いた。

新宿のゲイバーで客を無理やり引っ張り込み、法外な料金を請求する事件が起きたとかで、その騒ぎの中心人物として逮捕されたのがかつて私が「つきあってはダメ」と言った男の子だったのだ。

「ママの人を見る目に間違いがない、ってことが証明されたね」

と、大人になった息子は新聞を見ながら、私をからかうのだった。

32 ●ダメと言ったら、ダメを貫け

高校生ぐらいになると、判断力もつき、自分の考えというものもはっきりとしてくる。責任の取れる範囲が広がるとともに、親も子供の自由を尊重してよいと思う。

高校生になってまで、あの子とつきあうな、この子と遊びに行くなと言うとしたら、親の過干渉というものだろう。

しかし、そのくらいの年齢になっても、ダメなものはダメと言うべきときはある。どんなに子供が望んでも、「いいよ」とは言えないことがある。

私の場合は、それがバイクだった。

高校二年から三年に上がるころ、息子のクラスメイトでバイクを買ってもらった子がいたらしく、息子はさかんにそれをうらやましがった。

その年齢の男の子にとってバイクは魅力的なものだということはわかる。

「おまえ、まだチャリンコか」

などと言われたりすると、屈辱感さえ覚えるということもあるだろう。

しかし、息子は、自分の親が絶対にバイクに乗ることを許してくれないのはわかっているから、バイクを買ってくれと頼むまでもなく、あきらめていた。

実は私は、男の子だからそのうちバイク、バイクと言い出すと思って、高校生になるより、ずっと前から、バイクは絶対に危険だからと、口をすっぱくして彼に言い聞かせていた。

世の中には、バイクをことさらに危険だと思うのはバイクに対する偏見、極論だという人もいるだろう。しかし、極論だろうが、なんだろうが、私は自分の信念として、子供には乗せたくないと思ったのだ。

どんなに安全運転をすると約束して、その約束を息子が守ったとしても、事故は起きるときは起きる。事故が起きたときのダメージは自動車より大きいことは明らかだ。身をさらして乗っているのだから、道路にほうり出されれば即死することだってありうる。

東京のような道路事情で、バイクに乗ってもいいというのは、子供に死んでもいいと言うのと同じようなものだ。

そんなふうに、私はなぜバイクに乗ることを絶対許さないのかを、何度も話した。

「飛行機に乗ってたって、リスクはあるじゃない」

などと、反論をしてこようと、

「とにかく、ダメなものはダメ。理由は何度も説明しているとおり……」

と、すでに百回ぐらい聞かせている、ダメな理由を繰り返し告げる。

この態度を崩さないことは親として本当に根気がいる。しかし、態度を一貫させることで、どれだけ親が本気であるかが子供にもわかるはずだ。

私の根気と本気に息子はかなわないと思ったのだろう。仲のよい友達がバイクを買ってもらっても、自分も買ってほしいとは言わなかった。かたくなに許可をしない親に恨みつらみの気持ちはかなりあったには違いないだろうけど。

そんなときに、ショッキングな出来事が起きた。

仲のよかった友達が、バイクの事故で亡くなったのだ。お葬式から帰ってきて、息子は呆然《ぼうぜん》としていた。友達を亡くした悲しみと、友達の両親の悲しみとが一挙に彼の胸に迫ってきたのだろう。

「安全運転をするって約束したじゃないか。なんで約束を守らなかったんだ」

と、両親は慟哭《どうこく》していた。でも、本人はもう死んでしまったのだ。

「どうして、あんなにしつこくバイクに反対したか、わかったよ」

息子がポツンとそう言ったのを今でも覚えている。

33 生活実感を持たせることを忘れるな

大学で授業をしていたころ、「普通の大学生たち」の実態に愕然《がくぜん》とすることがあった。

学期の初めに、

「私は授業中の私語は許しません。おしゃべりをする人は、教室の外に出てもらいますから」

と必ず言う。

そのひとことで、この先生は厳しいんだなと思って、学生は緊張する。楽勝で単位をくれる先生ではないようだと覚悟をするらしい。

勉強したくて来ている人のために授業をするところが大学なのだから、授業中に私語を慎むのは当たり前のこと。それを、あえて言わなくてはならないのが、情けないことだと思う。

ある年、いつものとおり私語厳禁を最初に言ったら、ある男子学生が聞き返してきた。

「じゃ、授業中、ガムをかむのはOKなんですか？　ダメなんですか？」

そんなことは自分で考えなさい、と言うしかないではないか。

そういう子に限って、卒業まぎわになって、

「先生、卒業できるんでしょうか」

と涙ながらに訴えてくる。さらに、

「うちの息子の単位はどうなるんでしょうか。なんとかなりませんでしょうか」

と、まるで若殿を守る股肱《ここう》の老臣のような口調で父親が電話をかけてきた。

女子学生の中にも、留年が決まったときに母親同伴で泣きついてきた子がいた。

「就職が決まっているのに、卒業できなくて自殺した知り合いがいるんだけど、そんな心境です」

そんな脅すようなことを言えば、私が、はい、そうですか、単位をあげましょう、と言うと思ったら大間違いだ。人を見て、ものを言ってほしい。

「私が学校を卒業したころは、就職口そのものがなかったし、外国人を雇う企業なんて全然なかった時代でしたよ。私は何回も首をくってなきゃいけないってことになりますね」

と言ったら、しょんぼりして帰っていった。

まったく笑い話にもならない。幼稚すぎる学生と、その親たちにあきれる。しかし、ある意味でもっとショックだったことがある。出来事としては、さささいなことなのだが。

夏休み前の、暑いさかりの日、教室に入っていったら、窓が閉まったままなのだ。暑い教室の中で、みんな暑そうな顔をして座っている。

「こんなに暑いのに、なんで窓を開けないの？」

と言うと、窓のそばに座っている数人が顔を見合わせて、のそのそと窓を開ける。しかも、窓を開けるのにも手間どっているのだ。

私は、この子たちは何だろうと、一種不気味な感じさえした。

暑いと思ったら、窓を開ける。そんなことさえできないのは、いったいどういうことだろう。自主的に何かをするということができないのだ。自分で頭を働かせて、自分で動くということがない。

勉強はしてきたかもしれないけれど、生活実感を通して学ぶべきことを学んでいないまま大学生になってしまった。そんな大学生が、「普通」になってしまっている気がする。


今の子供たちは「実生活」の知恵のようなものを覚える機会が少なすぎる。親がその機会をなくしていると言ってもいいかもしれない。

朝はお母さんに起こしてもらう。食事も洗濯も掃除も、みんな親がやってくれる。

学校と塾を往復して、勉強さえしていれば他のことはしなくても許される。そんな生活を親も子も当たり前のように送っている。

それでは、子供には「実生活」の知恵は学べるはずもない。

自分の手を使い体を動かして、具体的に何かをすること。その経験の積み重ねによってまさに体得していくのが「実生活」というものだと思う。

お風呂のお湯が熱くなりすぎたら、どうすればいいのか。そんななんでもないことひとつとっても、自分の体でやってみることを通して、「どうするべきか」を覚えていく。

親が留守をするときに、

「これをチンして食べるのよ」

と、つくり置きにした食事を置いていけば、子供はいつまでたっても自分で自分の食べるものを準備することは覚えないし、身にもつかない。

親がもっと積極的に子供に茶碗を洗わせたり、ゴミを捨てさせたり、食事の準備をさせるべきなのだ。

生活の中で必要なことを自分の頭と体を使ってできるようになる。その力を小さいときから少しずつつけさせることが子育ての大事なポイントだと思う。

実生活上の知恵を養わないまま大きくなった子供たちは、学校の勉強がいくら優秀であろうが、見た目が立派な青年になろうが、中身は幼稚な子供のまま社会に出ていくことになる。

34 ● 人の役に立つ快感を覚えさせる

生活の実体験を通して身につけていくのは、生活のための知恵ばかりではない。

「人の中での自分のあり方」ということも、実生活を通して子供は学んでいかなくてはならない。

その基礎力をつけるのが「家庭」という場。

子供は年齢を重ねるに従って、家族、学校、社会と、だんだん、関わる世界が広くなっていく。小さな「家庭」という社会から実社会まで、世界の広がりにともなって「関わり方」を身につけていかなければならないのだが、肝心の「家庭」の段階で基礎力を養っていなかったら、学校という他者がたくさん存在する世界になじめない。ましてや、ありとあらゆる他者に取り囲まれる実社会では戸惑うばかりになる。

さて、家庭で身につけるべき、人としての基礎力とは何か。何度でも言うが、それは自分の行動に責任を持つということなのだ。

「自分が何かをした、あるいはしなかったことによって、何が起こるか」

ということを考えながら行動する。

家事の手伝い、親との約束事を通して、子供なりにそのことは身にしみてわかるはずなのだ。

そして、もうひとつ、人の中で生きるための重要な基礎力とは、他の人の役に立つ力。

「人の役に立つような人になりなさい」

と、言葉で言うだけでは決して身につかない。

責任感を養うのと同様に、これも親が家庭の中で実生活を通して教えていくことだ。最初は、本当にささやかなことでいい。

おつかいをやらせて、ちゃんとできたとき、

「お母さん、本当に助かったよ。ありがとう」

と言われたことが、子供なりに、人の役に立てた快感になる。その快感を知る

ことが、人のために何かできる自分でありたいという気持ちにつながる。

子供と一緒に電車に乗ったとき、例えば、お年寄りの人に席を譲ったとする。マナーだからそうするべきなのだ、と教えるのではなくて、

「あのおばあちゃんに喜んでもらえてよかったね」

と言える母親であるべきだ。

そんな体験の積み重ねで、人の役に立つため自分にできることは何かを考えるようになる。

大人になって、突然「人や社会に貢献できる人になりなさい」などと言われても、それは無理な話なのだ。

ところで、人の役に立つとか、貢献するということが、実体験で身についていないと、「貢献」という言葉のイメージを必要以上に大げさにとらえがちになる。とても大変なことをしなければ、貢献とは言えないのではないか、よほど立派な人にならなければ人の役になんか立てないのではないか、と思いがちになる。

私に言わせると、それこそ、大きな勘違いというものだ。

もちろん、「大きな貢献」ができればそれに越したことはない。しかし、それ

以前に、自分が今いる場、自分が関わっている世界で、何をすることが人のためにも自分のためにもなるのかを考え、実行できることが大事なことである。

そういう感覚を育ててほしいと思う。

大学の授業で、私は学生たちにもそんな話をしたことがある。

「私は出席は毎回とりません。それから、欠席はマイナス評価にはしないし、欠席が多いからといって試験を受けさせないということもありません。試験で八十パーセント以上を取れば単位は認めます。出席をした人にはどんどん当てていって、答えてもらい、ちゃんと答えることができたら、試験の成績にプラスします」

エーッと教室がどよめいた。まず、「代返」はきかないことが明らかになり、さらに、ただ出席するだけで単位がもらえるようなクラスではないことに気がつく。

「でも、指されて、わからなかったらパスをしてもいいです。ただしパスは年間で三回まで。それ以上のパスはマイナス評価にします」

再び、教室がざわめく。出席した者に厳しすぎるのではないか、という反応だ。

そこで私が説明したのは次のようなことだった。

英文解釈を勉強するこの場で、質問をされて答えるということは、誰のためにやっていることだと思う?

予習をして、発表をするのはもちろん自分の勉強のため。と、同時に、この場とこの時間は授業に参加している人、みんなのものだということを忘れないでほしい。

指されたときには、みんなの参考になる答えを言うことが、この場に貢献をするということ。予習をしていなくて、どう答えたらいいかわからないときは、時間を無駄に使うことになるから、そういうときはパスしてほしい。

欠席した人は、他の人に貢献もしないかわりに、自分も他の人の発言や解釈から得るものもない。だからプラス・マイナスの勘定はゼロになる。

つまり、出席をして、人の発言から何かを得るならば、自分がその場に何も貢献しないということは許されない。だから、パスも三回までなのだ。

その説明に、学生たちは納得したようだった。

前期、後期と一年の授業が終わったとき、この授業くらい真剣に勉強したのは大学に入って初めてだ、と私に嬉しそうに報告した学生が何人もいた。

「英語の読解力がついただけじゃなく、人にわかるように論理的に説明をする訓練にもなりました。だって、一週間おきに、自分が指される番が回ってくるんですから」

厳しい授業が、だんだんと励みになってきたという。真剣にその場に関わることが貢献することであり、それが自分の喜びにもなると気がついたのだ。

そのことが、私にとっては、彼らが学力をつけたことと同じくらい嬉しいことだった。

35●リベラルをはき違えると悲惨な結果になる

私が自分の子育ての経験談、教師としての体験談を話すと、

「厳しいですね」

と、必ず言われる。

うちの中では「厳しい親」であり、教壇に立てば「厳しい先生」というわけだ。早稲田での私の仇名は「砂かけババァ」であった。けれど一度だって、私はスパルタ教育をした覚えはない。

ただ、「役割」に関しては、はっきりと言った。

子供に対しては、

「私はあなたたちを保護する立場で、あなたたちは保護される立場」

学生たちには、

「私は教える側であなたたちは教わる側」

と、相手にもそれをしっかりと認識させた。そうでなければ、教育は成り立たない。

ところが、

「親と子供は対等。教師と学生も対等。なぜなら、人間はみな平等だから」

という考え方をリベラルとする風潮がある。

子供や学生の権利を尊重し、何でも話し合える親子の関係、教師と学生の関係が理想のように言う人がいるが、私は、そんなのは理想的でもないし、リベラルをはき違えていると思う。

対等をよしとする考えは、表面的に「話のわかる進歩的な大人」には見えるかもしれない。しかし、そんな「はき違えたリベラル」な考えが子供に植えつけられるととんでもないことになる。

子供はやりたいことをやるのが自分たちの当然の権利だと主張するようになる。

人間として平等ということと、立場や社会的関係を無視して対等である、ということはまったく別のことだ。子供の人権を認めるということは、子供の要求していることを百パーセント聞き入れるということではない。そのことを親や教師が教えなくて誰が教えることができるだろうか。

ところが、学校教育の現場でも、「はき違えたリベラル」がまかり通っているようだ。生徒に順位をつけるのは平等の精神に反する、ということで成績をつけない。運動会の徒競走は皆で手をつないでゴールする、という学校があるそうだ。

これが「平等」を教えることになるとでも思っているのだろうか。「平等」というのは、みんなの差を見えなくすることではないはずだ。勉強をする権利、能力を伸ばす権利はみんなに平等に与えられている。しかし、発揮できる能力には違いがあるのは当然のことで、それをフェアに評価するのが教師の仕事だと思う。

できない子もできた子も、「みんなよくできました」

ですませるのは、「ごまかしの平等」。小学校、中学校で「ごまかしの平等」の中にいたら、子供たちのその後は悲惨なことになる。

世の中に出たら、「みんな頑張ったね」ですまされるわけではない。いきなり、冷たい水の中にほうり出されるようなものだ。

「本質的には人は平等だけど、能力に差はある」という現実を早い時期に気づかせてもらったほうが子供にとっては、幸せなのだ。

能力に差がある、という事実が劣等感に結びつくと恐れすぎてはいけない。人と差があることを認めたとき、自分の能力を伸ばしたいという気持ちが起こってくる。あの子は勉強が得意だけど、自分はスポーツを極めよう、と自分はどの分野で能力を伸ばすべきか自分で考えるようになる。

そんな機会を生徒みんなに与えることが、学校で必要な「平等」なのだ。

間違った「平等」の感覚は親の側にもある。

一九七〇年代の、子供たちが小学校に通っていたころのこと。当時から私たち夫婦はどちらも働いていて、時々、どうしても子供たちだけで外食をさせなければならないことがあった。

そうすると、まわりのお母さんたちが、

「金さんの家は外食をさせている。ウチの子供たちまで、それをうらやましがって外食したがって困る。子供だけの外食は学校でやめさせてくれ。共働きの家だけ例外というのはおかしいのではないか」

と学校に要望した。

それから、私の家は明治神宮の近所にあったので、子供たちをそこで遊ばせてやりたかった。しかし周辺の親たちは、それも危険だから学校で禁止してくれ、と言う。

親が自分の子供の管理を学校に求めすぎだと、私はそのときに思った。

「○○ちゃんも、我慢しているのだから、あなたも我慢しなさい。学校のみんなの決まりだからね」

と、教えるのではなくて、

「○○ちゃんのうちはそうでも、我が家はこうだ」

と、それぞれの家庭の事情に応じたルールがあることを教えるべきだ。

家庭ごとにルールを決めればいいことを、「学校の規則」という力を借りようとする。どの家庭の子も同じルールで管理するよう学校に求めるのは、はき違えた「平等」の感覚だ。「画一主義」への憧れにもつながる、極めて危なっかしい思考形態だと思う。そのことに気がついていない親が多すぎる。

36 ● 教師に「ハズレ」たとき、まず何をするべきか

今の日本の教育はたしかに問題が山積している。

ところが、大人たちは問題を本気で解決しようとしているだろうか。ことなかれ主義の教師側が悪いと親の側が言えば、家庭で最低限のしつけもできない親が悪いと学校側が言う。

そんな大人たちを見て、子供は何を感じるだろうか。

親にも教師にも不信感を抱いたとしても、不思議ではない。大人はそれぞれが、自分の都合でものを言っている。大人が「あなたたちのため」と言っていることも建前にすぎないのではないか、と子供たちがうがった見方をするのは大人の責任でもあるのだ。

教師と親が、大人の側として協力態勢をとっていないと、子供に対して説得力を持つことはできない。

教師と親の協力態勢が築きにくいはずだ、と実感したことがある。

娘が中学三年生のころだから、もうだいぶ前のことだ。中二から中三になり、クラス替えの発表があった日、娘の同級生のお母さんに近所でばったり会った。私はちょうど娘と一緒にいた。

そのお母さんが、いきなり私と娘にこう言った。

「おたくはハズレたわね。残念ねぇ」

娘が中二のときの仲良しの友達と別々のクラスになったことを指して、そのお母さんは「ハズレ」と言ったのかと思ったが、そういう意味ではないらしい。担任の教師が「ハズレ」だ、と言うのだ。

娘の担任になった教師は、若い男性で、二年生を担任した前の年、父兄の間で評判がよくなかったらしい。

保護者会で一度お母さんたちともめたことがきっかけで、その後はクラスの運営にそっぽを向いてしまったらしい。若くて未熟な教師、というレッテルを貼られているようだった。

しかし、だからといって、子供の前で「ハズレ」と言うのはあまりに無神経というものだ。そんなことを耳にしたら、子供は最初からその教師に敬意を払うわけがない。

親が教師を見下していれば、子供だって教師をバカにする。そうなれば、教師が子供を指導することもままならなくなる。

教師に対しては敬意を抱くべきだということを、親が子供に教えなくてはならない。

保護者会に臨む親の態度にも問題があると思ったことがある。

保護者の間であまり評判のよくない教師に対しては、保護者が最初から「吊し上げよう」という姿勢になりがちだ。

どこの学校の保護者にもあることだと思うのだが、保護者会の前になると、根回しのような電話がかかってくる。

「あの先生はどうも統率力がない。子供からもいいことは聞かない。今度の保護者会はいい機会だから、先生に一度みんなでピシッと言いましょうよ」

と、私も言われたことがある。

ちょっと待ってくださいよ、と言わずにいられなかった。

「自分の子供ひとりだって、なかなか思うとおりにできないのに、四十人近くの腕白で生意気ざかりの子供たちをひとりの先生が簡単に統率できると思いますか？

先生を吊るし上げたって、何の解決にもならないでしょ。もうちょっと建設的な方向で、保護者会はやっていきましょうよ。ピシッと言うのは、先生に対する不満ではなくて、私たち親はこの子たちのクラスがいいクラスになるように本気で考えてます、ということなんじゃないかしら。

子供たちが『先生、頼りない』と思っているのなら、

『だったら、あなたたちが先生を助けて、クラスをまとめる努力をしなさい』

と親が言うべきなのでは。

クラスの雰囲気はそれで決まるのではないですか。中三の大切な時期なのだから、先生と親と生徒が協力していかなくては」

ということを、私は話した。

電話をしてきたお母さんは、私の話に賛同してくれた。そして、保護者会では

私たち親は先生に協力を惜しまない、という意思を確認し合う前向きな会になった。

おもしろいのは、その後の担任の教師の変わりぶりだった。

子供たちに、親の気持ちがよい影響を与えたのだろう。自分たちのクラスをいいクラスにしたい、という意気込みが子供たちにも生まれた。先生もそうなると嬉しいから、担任として積極的にクラス運営をしていく。

「ハズレ」と言われていた先生が、一学期の終わりごろには、お母さんたちの間で「若いのに統率力も指導力もある先生」という評判が立つほどになっていた。

37●「いい子」より「愛される子」に育てるべし

この章では、子育てについて私が日ごろ思っていることを話した。しかし、これが、子育てのお手本ですと言うつもりはない。

あくまでも「私はこんなふうに育てました」と経験を話すつもりだったのだが、つい子育てについては、口調が熱くなってしまう。

私自身はふたりの子供が成人した時点で子育ては終わった。しかし、たくさんの女性たちと会うと、未だに子育てについて話をすることが多い。

子育ての最中の人の悩みを聞くこともある。自分の娘が育児に迷っている、と祖母の立場での悩みを聞くこともある。

あるいは、「今の世の中で子供を育てるということは……」と、子供を持っていない人と話す機会もある。

それぞれがそれぞれの立場で、子供の教育についてさまざまな不安を抱えていることを目《ま》の当たりにする。

大人も子供も幸せである社会のためには、やはり子供の教育は重要で切実な問題なのだ。

ところで、子育てを経て魅力的になる人もいれば、自分をまっとうできなくなる人もいると前に言ったが、その大きな境目になるのは、「子供を何のために育てているか」という親としての意識の持ち方だと思う。

親の叶えられなかった夢を託すために、子供を育てるのではない。ましてや、「出来のいいお子さんをお持ちで」と、人に褒められるために育てるわけでもない。

子育ての最終的な目標は、自分の子供が自分の力で世の中を生きていけるようになることなのだ。なおかつ、他の人から愛される人に育つこと。

どんな仕事をするにしても、ひとりで生きていくわけではない。組織の中に迎え入れられ、その中で人と接して生きていかなくてはならない。

上下関係もあればライバル関係もあるに決まっている。

人の中で、自分を生かしながら生活できる子になるためには、何が必要か。それが、結局、子育ての軸になる。

勉強ができる「いい子」、ただお行儀のよい「いい子」であるより、「人から愛される子」に育てること。それができたら、親としては最高の子育てになると思う。人の中でどう振る舞うのか。そのルールを親が教えるのも、世の中で生きていくために必要なことだからだ。

自分の行動に責任を持たせることも、自分の体と頭を使って生活をする習慣をつけさせることも、人の役に立つことの快感を覚えさせることも、大人に敬意を持つことも、すべてはそれらが人が生きていく上で必要なことだから、身につけさせたいのだ。

そうしたことは、甘やかしていては身につかない。それに、親が優しくて、自分の育った家が一番快適で、過ごしやすい、というのでは子供たちはいつまでたっても親のもとから飛び立てない。

「愛される子」として、親もとを飛び立たせるには、親に厳しさという愛情がなければならない。

子育てに関して、一番私が言いたいのは、そのことなのだ。

困難から逃げない女が幸せをつかむ

自己主張の強いひとりよがりの
「幸せ探し」は「ないものねだり」と同じ。
信念を持って自分の人生をまっとうしてこそ、
幸せが実感できる。

38 ● 反省のない「仕切り直し」は深みにはまるだけ

テレビの番組で女性の人生相談のコーナーがあり、コメンテーターとして出演していた。

相談の内容は実にさまざまだ。親子関係がうまくいかない、姑の「いじめ」に遭《あ》っている、夫がいるのに他の男性を好きになってしまった、夫がサラ金からお金を借りたけど返せない……。

事情を聞けば、なるほどそれぞれに深刻な事態だ。話をしながら涙を流す人もいるし、「死んでしまいたいと何度思ったことか」と言う人もいる。

同じような悩みを抱えている人は世の中にたくさんいると思う。悩みのただなかにいると、絶望的な気分になってしまい、「もう、どうしようもない」と思ってしまうのだろう。

しかし、本当の絶望的な状況などというものは、滅多に起こることはない。冷静に考えれば、対応策も解決策もあるはずだ。

ただ、それを自分で考えられなくなったとき、人は自分を「不幸の檻《おり》」の中に閉じ込めてしまう。

テレビの外でも、私は人生相談をされることがあるが、そんなときに私がまず言うのは、

「仕切り直しをしてみましょうよ」

というひとことだ。

今の世の中で何が一番素晴らしいかというと、私は「仕切り直し」ができるようになったことだと思う。

以前は、まず許されなかったことなのだ。

例えば、仕事にしても、いったんひとつの職業についたら、「勤め上げる」ことが美徳だったわけだ。簡単に職場を変えることはできなかった。

結婚すれば、「添い遂げる」ことが大前提で、離婚したくてもできなかった人たちがたくさんいた。子供を産んだら、一生家庭の中に閉じこもっている、ということが当たり前の時代があった。

ところが、それらのことは、今は不可避の絶対条件ではない。この結婚は間違ったと思ったら、別れてひとりで暮らしてもいいし、別の人と再婚をすることもできる。

子供を産んだあと、仕事を再開することもできる。

女性にとっては特に、「仕切り直し」ができることの意味は大きい。「仕切り直し」が認められる世の中になったことは、女性が自分の意志で自分の人生を選べる可能性がうんと広がったということなのだ。

その気にさえなれば、「仕切り直し」はできる。そのことは、不幸な状況に陥っても、抜け出せるということに他ならない。

ただし、ここでひとつ大事なことがある。反省なき仕切り直しは、同じことを繰り返すことになる。そのことを肝に銘じてほしい。

「どうも、この職場とは合わないのよね」

と、職場を転々とする人がいる。

私が勤めている日本語学校にも、いくつもの学校を渡り歩いて、うちに転職したいと言ってくる人がいた。

日本語学校でもリストラの時代で、つぶれる学校もあるから、講師が別の学校に移ること自体は不自然なことではない。面接で学識があることもわかった。ところが、その人に授業をやってもらうと、教えている内容は正しいのだけど、生徒とのコミュニケーションが取れないのだ。

しかし、本人はそのことに気がついていない。自分のやり方は間違っていない、という強固な思い込みがあるようだった。結局、うちの学校の語学講師としては適切でないという結論になったので、彼女はまた別の学校に移った。

それでは、「仕切り直し」どころか、「どこに行っても自分の能力が認められない」という不満ばかりが大きくなり、やり直すたびに「自信喪失」の深みにはまる。

結婚生活でも同じだ。「性格の不一致」を理由に離婚をする人がいる。「性格も価値観も合わなかった」と言えば、自分も相手も納得できるだろうが、それだけでは「仕切り直し」にはつながらない。もし、別の人と一緒になったとしても、性格が一致しないのなら、また別れることになりはしないだろうか。

うまくいかなかった原因はどこにあるのか。それを見つめ直すのはつらい作業だけど、原因から目をそらさず、反省をすることが大事なのだ。自分に足りないものを補おうと努力すること。自分自身の失敗から教訓を学び取ろうとする姿勢でいること。

そのふたつのことができれば、「仕切り直し」は成功する。

困難な状況の中でも、自分を厳しく見つめ直すことが、「仕切り直し」をして人生をダイナミックに変えていく原動力になるのだ。

39●想像力の欠如が不倫に走らせる

人生相談をされて、話を聞くだけ無駄じゃないかと思うことがある。いわゆる「不倫」の関係で悩んでいる人たちの話だ。

以前、テレビの番組で「不倫関係をどうしたらいいか悩んでいます」という主婦に対して、アドバイスをするという機会があった。

相談に来た女性は結婚をしていて子供もいる。不倫をしている相手の男性にも家庭がある。そういう関係をダブル不倫と言うらしいのだが、とにかくそういう関係が一年ぐらい続いているという。

夫のことは今はもう好きではないけど、家庭を壊す気はない。だから、不倫をしていることが夫にばれると困る。相手の男性も私のことをとても愛してくれているけど、家庭を捨てて、私と一緒になろうという気はたぶんないと思う。

簡単にまとめると、話はこんな内容だった。

ひととおり聞いて、私は思わず言った。

「それで、あなたは何を悩んでいるの？」

たぶん、他のコメンテーターも同じことを言いたかったと思う。相談に来る以上は、不倫相手との関係を清算したいという気持ちなのかと思ったら、そうではないのだ。

「彼は会うたびに体を求めてくるので、それがちょっと困るんですけど……」

などと、半分ノロケのようなことを言っているのだ。

ようするに、安定した今の生活を手放したくないし、刺激のある恋愛も続けていきたいというのが彼女の望みなのだ。

「そうね。そういう気持ちもわかるわ」

と誰かに言ってほしかったのだろうか。

それとも、コメンテーターの中の誰かが、絶対にバレない方法を親切に教えてくれるとでも思ったのだろうか。

とてもではないが、親身になって聞ける「相談内容」ではなかった。

私は結婚をした人が別の人を好きになっては絶対にいけないとは言わない。「不倫」と簡単には呼べないような関係があるとも思う。

お互いに結婚をしているけれども、どうしても、この人と一緒になりたいと思ったら、それこそ「仕切り直す」ことがあっても不思議ではない。

もちろん、それには覚悟がいる。家庭を捨てるならそれなりの責任を取らなくてはいけない。ことによっては子供たちに恨まれることも覚悟しなくてはならない。そんな修羅場を越え、代償を払ってでも一緒になりたいというのなら、それはその人の「選択」だと思う。

しかし、支払うべき代償は何も支払わない、「いいとこ取り」の不倫の関係はあまりに自分勝手で無責任だ。

旦那さんはちゃんと給料を家に入れてくれて、子供もいい子に育っているから、家庭は失いたくない。でも、別の人との恋愛も続けていきたいというのではムシがよすぎる話だ。

そういう不倫はやめたほうがいい。覚悟もなく、責任を取る気もない不倫の関係のほとんどは、ありきたりな陳腐な浮気にすぎない。

その上、先は見えている。

一世一代の大恋愛をしてしまったと思っているのは本人たちだけ。結婚しているけど、好きな人ができたというドラマチックな状況に酔っているだけ。

家族にバレはしないかとヒヤヒヤしながら関係を続けることが、最初のうちはスリリングに思えても、そのうちお互い疲れてくる。遅かれ早かれ、夫や妻にバレて揉《も》め事が起こる。そんなお決まりのコースを辿《たど》るのではないだろうか。

美しい結果を生み出す不倫の関係などというのは、非常に稀《まれ》なことだと思う。それなのに、これほど不倫に走る人が多いのは想像力が欠如している大人が多いということかもしれない。そのことが、私には深刻な問題に思えるのだ。

40 ● 優柔不断と優しさを混同してはいけない

「人に優しい政治」「地球に優しい商品」というように、「優しい」という言葉が頻繁に使われる。

今の時代は、「優しさ」志向の時代と言ってもいいかもしれない。みんな優しくされたがっていて、優しいことはいいことだと疑いもなく信じられているようだ。

優しさが人間にとって大切であることは、私も否定しない。しかし、優しさにもいろいろな種類がある。

優柔不断、あいまいさ、弱さ、といったものまで「優しい」という言葉でひとくくりにされている気がしてならない。

人から優しくされることは誰でも嬉しい。だから、相手の優柔不断さも「優しさ」と解釈してしまいたくなる。

あるいは、優しい人と言われたいがために、本心とは違うことをしてしまう。人間にはそんな面もある。

表面的な「優しさ」と本質的な「優しさ」とは違う。それを混同したことが、不幸の始まりになることもあるのだ。

男女関係では特にこのことが落とし穴になることが多い。

私の若い知り合いの中にも、そんな例がある。彼女はＯＬをやっていたときに、友達の紹介で、ある男性と知り合った。

「すごく優しい人なのよ。学生時代から、○○くんはいい人だって、みんなから言われてたんだから」

という推薦の言葉がついていたらしい。

会ってみると、なるほど優しくて感じのいい男性だったので、交際が始まった。

彼は彼女に対して、それはそれは優しかったそうだ。デートの約束をしていたけれど、彼女の都合で急に行けなくなったと電話をしても、怒り出すようなこともなかった。

彼女の夏休みのスケジュールに合わせて彼も休みを取ってくれて、ふたりで海外旅行に行ったりもした。行き先も、滞在するホテルも、彼女の望みどおりにしてくれたという。

「なんて寛大な人なんだろう。夫にするのはこういう人に限る」

と、彼女は思ったのだそうだ。

ちょうどそのころ、勤めていた会社で異動があり、彼女の上司が替わった。彼女はその上司とウマが合わずストレスがたまった。彼に会うと、会社のグチをこぼすこともよくあったそうだ。

そんなときでも、彼は黙って彼女の話を聞いてくれ、

「そんなにイヤだったら会社を辞めてもいいんじゃないかな。無理して働くことないよ」

と言ってくれたのだそうだ。それがプロポーズの言葉でもあったようで、交際を始めて一年ぐらいたって、結婚をすることに決めたそうだ。

ところが、その後はというと苦労の連続だという。

結婚式の段取りから、新居を探すのも彼女が率先して決めなければ、何も進まない。結婚後の生活設計も、何でも「きみの好きなようにしていいよ」と彼は言うのだという。

「この人には自分の考えというものがないの？」

とわかってきたのは、結婚生活を始めた直後だったそうだ。

相手の優柔不断を「優しさ」と勘違いした、まさに典型的なケースだ。しかし、こういうカップルが決して少なくないらしい。似たような話がゴロゴロある。

私は彼女の話を聞いて、「優柔不断な男」にひかれた彼女自身にも反省の余地はおおいにあると思った。

仕事でストレスがたまって、行きづまりを感じていたとき、目の前の困難を避けるために彼の「優しさ」に逃げ込んだのではないだろうか。

そのために、彼の「優しさ」の正体を見極めることができなくなったのだ。彼の優柔不断な態度を自分に都合よく解釈してしまったのだ。

何でも言うことを聞いてくれる男なんて、たんなる軟弱な男と見てまず間違いがない。

相手の決定をまず第一に考えるような態度は、自分の判断力に自信がないことの裏返しなのだ。

本当の優しさというのは、相手の要求を何でも受け入れることではない。

ちなみに、「本当の優しさ」を持っている人とそうでない人の違いは、その人に芯が一本通っているかどうかで見分けることができると私は思っている。

これは譲れない、という信念があるかどうか。

細かいことにやたらこだわりを持って、「これは譲れない」といちいち言うのはくだらないと思う。しかし、例えば、仕事に関してでもいいし、人とのつきあい方、自分の生き方についてでもいい、揺るがない信念を持っていることが大事。

そんな人は、自分自身にも厳しいし、人に対しても表面的な優しさを振りまくことはしない。相手への思いやりを持ちながら、言うべきことは言える強さを持っている。

何の信念もなく、ただ相手に合わせるだけの優しさは紛《まが》いものの優しさだ。

41● 去る者は追わず

表面的な優しさに流されないためには、人とのつきあいの上で自分なりの方針を持つことが大事だ。

私の場合は、語学学校の校長（当時）として、講師の採用も仕事のひとつなのだが、その際に原則にしていることがある。

まず、「来る者は拒まず」ではない。採用するときには、やはり適性を慎重に見極める。うちの学校で教えるだけの能力がない、あるいは学校の方針に合った教え方ができそうにないと判断したときは、「拒む」。

講師として勤めていた人から辞めたいと申し出があったときはどうかというと、「去る者は追わず」が原則だ。

講師として素晴らしい人材であっても、生徒から人気のある講師でも、「あなたはいい講師なんだから、うちの学校にいてください」

と引き止めることはしない。

去ろうとしている人を引き止めることが学校のためや生徒のためになるとは思えない。

仕事に関して言えば、その人が自分の職場に対して、愛情を持っていないといい仕事はできない。

「辞めたい」と思っている人は、もう今の職場に愛情や情熱を持てなくなった人だ。

去ろうとしている、ということはそういうことなのだ。「去る者は追わず」を原則にしているのは、そのためだ。

この原則は、恋愛や友人関係も含めて、あらゆる人間関係にも当てはまるのではないだろうか。

恋人とつきあっている途中で、別れを切り出されるということがあったとする。自分から去っていこうとする恋人を、引き止めたくなる気持ちはわからなくはない。

しかし、相手が別れを告げようとしているということは、自分に対して愛情がなくなったということにほかならない。これがこの場合の真実なのだ。

事実を認めたくない気持ちが、

「もう一度やり直しましょう」

とか、

「お願いだから、別れないで」

と未練たらしく引き止めることにつながる。

これは自分にとっても、相手にとっても不幸なことだと思う。未来のない関係に執着していては、実りが期待できるはずもない。

去る者を追う時間があったら、自分のもとからなぜ相手が去っていったのか、しっかり考えてみることだ。

相手の求めているものが自分の中になかったのかもしれない。つきあっているうちに、初心を失ってしまったのかもしれない。

失恋という困難にぶつかったときこそ、自分と他人の関わり方を考え直すよいチャンスなのだ。

ところで、去って行く側にも別れ方のマナーというものがある。情にほだされて戻ったとしたら、それこそ、表面的な優しさだと思う。

その後も、表面的な優しさだけがふたりの絆《きずな》になってしまう。

引き止められても、はっきりと「それはできない」と言うべきだ。そんなときに、

「嫌いになったわけではないけれど、今までのような関係は続けられない」

などと、優しさというオブラートで本心を隠すと、相手に誤った期待を抱かせることになる。

去るときは相手に追わせない。未練を残させない。それが大人としての本当の優しさなのだ。

42● 権利を主張する前に、貢献できる人になれ

人間関係に関してであれ、仕事に対してであれ、「愛情を持って接する」あるいは「情熱を持って取り組む」ということは、責任感をともなって初めて生きてくる。

特に仕事に関しては、責任感の大きさがその人の働きぶりにはっきりと表れる。

仕事に情熱を持てなくなった人が去ろうとするとき、まわりから惜しまれることがないのは、ある意味で当然のことだ。責任を放棄しているからである。

女性が社会に進出して、仕事をするようになったことはいいことには違いない。女性の働き方も多様になってきたし、それが可能な世の中になってきた。

ところで、それにともなって女性の仕事に対する責任感も文句のつけようのな

いものになったかというと、そうとは言えないようだ。

以前に若いＯＬと話をする機会があった。彼女たちは、いわゆる一流商社に勤めていて、「働いている女性」としての自意識は非常に強い。立派な学歴を持ちながらも、厳しい採用試験を避けて事務職を選択したのに、すでに「一人前」になったと思い込んでいる。

一人前の仕事をしているのだから、当然、会社に対して要求をする権利はある。それが彼女たちの考え方らしく、会社に対する不満を語り始めたら、いくらでも出てくる様子だった。

「男女平等というけれど、同期で入った男性社員と給料の差はやっぱりある」

「結局、会社なんて男社会で、女性のことは半人前にしか扱わない。与えられる仕事は補助的な仕事ばかり。女性は差別されている」

働く若い女性から、よく聞く不満だ。

それなら、男性社員とまったく対等と言えるほど、働いているのかといえば、彼女たちの生活を聞けば、そうでないことぐらいすぐに察しがつく。

男性社員が休み返上で働いているときも、しっかり有給休暇をとって海外旅行に出かける。仕事でミスをしても、責任は自分ではなく上司にある、と主張する。

これで、給料の「男女平等」を望むのは都合がよすぎはしないだろうか。

ところが、「女性はもっと職場で声を上げなければいけない」「権利を主張しなければいけない」という世の中の風潮《ふうちょう》のためか、誰も「そんな勝手な主張は通らない」と、はっきりと言わない。

建前としての「男女平等」が、中途半端な形でしか仕事と関わらない女性を大量に生み出しているのではないだろうか。

仕事そのものに対する情熱よりも、自分の生活や自分の権利だけを守り主張する情熱のほうが大きいのでは、とてもではないが「一人前」の仕事をしているとは言えない。

ところで、話を聞いたOLのひとりが最近、結婚が決まったので、退職願を出したという。上司から残念がられて、少しは引き止められるかと思ったら、

「よかったね。おめでとう」

と、すんなり承諾《しょうだく》されて、拍子抜けをしたそうだ。

「私って、いつ辞めてもいい存在だったのかしら」

と寂しくなった。同じ辞めるのでも惜しまれながら辞めたかった、と言う。

しかし、惜しまれなかったのは、彼女の仕事に対する評価なのだ。仕事を認められるということは、仕事に対する責任感を認められることなのだということを、彼女がこの経験を通して実感したかどうか……。


そんなOLたちと対照的な例がある。六十歳近い年齢の女性で、彼女は九州の食品問屋で経理の仕事を長年やっていた。

その会社は、肉や加工食品、花、とたくさんの商品を問屋として卸《おろ》すだけでなく、自分のところでも販売していた。

ある年から、お中元やお歳暮シーズンに向けての製品も販売するようになった。会社の売り上げを伸ばすために営業の担当者はセールスをする。

彼女は東京にいる私のところに、商品のリストを送ってきた。

「おつかいものにいかがですか。よかったらまわりのお知り合いの方にもおすすめください」

と、電話で言う。

「あら、あなた、営業部に移ったの？」

と聞いたら、そうではない、と。

営業の人たちが頑張っているから、他の部の者も営業をしようよ、ということになったのだそうだ。

営業はやったことはないからルートはない。でも、とりあえず、知り合いに声をかけて会社の売り上げに貢献したいのだ、と言う。

あとで聞いたら、営業部以外の人にはノルマは与えられたわけではなかったという。彼女のように自発的に営業をした人もいれば、普段の自分の仕事だけで手いっぱいだからと営業をしなかった人もいたという。

この違いは大きい。自分が仕事をしている会社に対して、何か役に立ちたいと思う。会社にとってよい、と思うことは積極的にやっていく。

その心情が、つまりは、仕事に対する責任感や情熱のもとになるものだと思う。

同じ給料で働くのなら、ちょっとでもラクをしようとするのか、それとも、ただ給料をもらうだけでなく、自分が関わり合っている職場に心から貢献をしようとするのか。

それが仕事をする人としての「責任感」のある、なしの分かれ目になる。

彼女が言うには、自分が勤めている間に、会社がめきめきと業績を上げたのだそうだ。経理を担当した彼女の功績も大きいと思う。しかし、彼女は自分の手柄だと言っているわけではない。

どんどん業績を上げていく会社に、自分が働き手のひとりとして関わることができたことが嬉しいと、心から言える人なのだ。

こういう人は、黙っていても、まわりは能力を認め、頼りにもする。

仕事ができる人というのは、こういう人のことを指す。

自分の職場と仕事に対してこのような愛情と責任感の持てぬ人は、JET日本語学校としては必要としない、と私はいつも我が校の教職員に言明している。

43 ● 人も自分も幸せにできる働き方をめざせ

九州の食品問屋にいた彼女には、後日談がある。実は彼女は現在、うちの学校の事務長をしている。これは次のようないきさつによる。

あるとき、私は彼女から東京に移り住みたい、という話を聞いた。

「この年になって、勉強をもっとしたくなったんですよ」

と彼女は言うのだ。社会人が聴講することのできる大学の講座で勉強したい。ところが、九州の自分の住んでいるところの近くには、その種の講座を設けている大学がない。

いっそのこと、東京に行こうかと思うと相談をされた。

私はすぐさま、

「じゃ、うちの学校に来てくれる?」

と言った。

当時、学校の事務長として適任の人がいなくて私は困っていた。彼女は経理に関してエキスパートだし、働きぶりも人柄も申し分ない。彼女なら任せられる。彼女のほうも、渡りに船、仕事は喜んでさせてもらうと言ってくれた。

私と彼女の間では話はとんとん拍子に決まっていった。ところが、実際に東京に来るまでにはずいぶんと時間がかかった。

というのも、彼女が会社を辞めたいと申し出たところ、会社はすぐには認めてくれなかったのだ。

本社の社長が出てきて、何ごとだと怒ったという。彼女を責めているのではなくて、彼女が辞めると言ったのは、まわりの対応が悪いからではないのかと思ったらしい。もしそうなら、とんでもないことだ、というわけだ。

会社に不満があって辞めるのではなくて、これから自分は東京で勉強と仕事をしていきたいから、九州を出ることに決めたのだと聞いて、やっと社長は、そういうことなら引き止めない、と納得してくれたそうだ。

しかし、彼女がいなくなるとたちまち困る。簡単に誰でもできる仕事ではないから、引き継ぎに時間がかかると思うけど、それまで東京に行くのは待ってほしいと言われたし、自分もそうしたいから、ということだった。

彼女が会社でどれだけ大切に思われていたか、どれだけ必要とされていたか、私にもよくわかった。

「じゃ、私は待つわ」

ということになり、彼女が東京に来たのは、それから一年ぐらいあとになった。

さて、うちの学校に来た彼女。それまで勤めていた会社とはガラリと違う環境にもかかわらず、事務長としていきいきと仕事をしている。

そして学校のために「よかれ」と思うことは経理以外のことも積極的にやる。その姿勢は九州の会社で働いていたころから一貫している。

留学生たちの寮に一緒に住み、若い人の面倒をみてくれている。日本に来たばかりで西も東もわからぬ学生たちは、彼女のことを日本の母親のように慕い、なにかと相談を持ちかける。それが、彼女の仕事のやりがいにもつながっている。

仕事をすることで、自分も幸福にすることができるし、人を幸せにすることもできる。そんな働き方を積極的に実践しているところが彼女の素晴らしいところだと私は思う。

女性の生き方は多様になっている。前にも言ったことだが、選択肢が広がったことは実にいいことだ。

ひところ、「女性も自立しなければいけない」ということがさかんに言われた。「女性も働かなくてはいけない」と、強迫観念のようなものを植えつけられた世代もあるかもしれない。

しかし私は、みんながしゃかりきに、外に出て働かなくてはいけないと思い込むこともないと思う。

子育ての忙しい時期に、仕事から離れることがあってもいい。専業主婦として家の中のことを自分の仕事とする、という生き方もあっていい。

大事なのは、自分の選択したことに責任を持つこと。専業主婦には専業主婦のまっとうするべき生き方がある。

それを自覚していたら、「職業を持っていないこと」に引け目を感じることはない。専業主婦でなければできない、社会への貢献もある。人の役に立つことは、なにも外の仕事を通してだけ可能、というわけではないのだ。

仕事をしている、していないにかかわらず、自分の選択した立場で、自分が人の役に立つにはどうしたらいいかを考え、実行することはできるはず。

パートタイムでしか働けない、という場合も同じことが言える。

「パートタイムの仕事だから、時給をもらえればそれでいい」

「ほんのアルバイトのつもりだから、私には責任はない」

そんな心掛けでは、働くことを選択した人としては失格だ。

パートタイムであろうと、仕事の内容がどんなものであろうと、働くからには、自分が関わる職場に少しでも貢献する。その気持ちがあってこそ、働くことで自分も磨かれていく。

男性に負けないようにバリバリ働く女性が増えることだけが「女性の社会進出」ではない。職業を持つにせよ、専業主婦という仕事にせよ、自分も人も幸福にできる働き方ができる女性が増えることが、本当の意味で、「女性が社会進出した」と言えるのではないだろうか。

44 自分を棚に上げて愚痴を言うな

私は愚痴を言うのも聞くのも嫌いだ。言ってもどうにもならないことを、くどくど言っても、何も解決しない。それだけでなく、自分のことを棚に上げて不平不満を言ってるうちに、現実を見ようとしなくなってくる。愚痴を言うことは、自己を正当化しながら現実逃避することだ。

自分の不幸を嘆く人のほとんどは、実は愚痴を言う習慣そのものが、むしろ不幸を招き寄せているのかもしれない。愚痴を言いつつ、目の前の困難から目を背けていることで、解決されないまま問題はそこにとどまってしまう。そのことに、愚痴を言っている本人は気がつかない。

つい先日も、ある知り合いの奥さんが家庭のことをしきりとこぼす。

「主人がちっとも私を大切にしてくれないのよ。私のことなんか、どうでもいいんでしょうね」

優しい言葉のひとつもかけてもらいたい。もっと自分の話を聞いてくれてもいいのに。人の気持ちがわからない人だ。

と、まあ、愚痴が出てくること。

その人のご主人も私の知り合いで、ときどき、うちに来ることがある。ご主人の様子がここのところ、少し妙ではあった。うちに来て、愚痴をこぼすわけではないのだけど、なかなか帰ろうとしない。うちに帰りたくないことが、何かあるのかなとは思っていた。

その理由が、奥さんの話を聞いているうちに、だんだんとわかってきた。

高齢になった実家の両親を、年寄りふたりで住ませるわけにはいかないという事情ができて、奥さんの両親を引き取ったらしい。

ご主人はそのことに関しては、快く賛成をしてくれたのだそうだ。

そこまではよかった。ところが、その先がいけない。

座敷の中で、今までご主人が座っていた席に実家のお父さんが座っている、という。

自分の両親を大切にしているということを、彼女は言いたかったらしいのだが、これでは、ご主人が家に帰りたくないはずだ。

もちろん、両親に肩身の狭い思いをさせることはない。引き取った限りは、両親にも気分よく過ごしてもらおうとするのは間違いではない。

でも、ご主人の席にお父さんを座らせるのは無神経というもの。最初に、ここはダンナの席だから、お父さんはこっち、お母さんはこっち、と言えばすむことだ。その配慮があれば、両親もご主人も気まずい思いはしなかったはずだ。

あげくの果てに、彼女は、

「私、わかったのよ。結局、私は○○家の人じゃないのよね。今でも△△家の人間なのよね」

と、大きくため息をついて言った。

ご主人に対して、当たり前の気配りができなかったことは棚に上げて、この結論。

家庭の中でみんなが気まずい思いをしている現状をどうしようか、と考えるべきときに、

「しょせん、私は△△家の人だから」

とすねる。なんとも、短絡《たんらく》的な現実逃避だ。

いったい、何を考えているのだろう、と私はあきれた。これは結婚して一緒に生活することを決めたひとりの男とひとりの女の問題であって、なんでここに○○家や△△家が出てこなくてはならないのか。

「主人が私を大切にしてくれない」

と愚痴を言うのもお門違いだ。大切にしてほしいと思うのなら、大切にしてもらえるだけのことをしていなくてはならない。

家族が安心して過ごせるように、家の中のコンディションを整えるのは専業主婦の仕事だ。夫に協力してほしいことがあるなら、協力態勢をともにとりましょうと、相手が納得してくれるよう言葉で説明するべきだ。

やるべきこと、できることはたくさんあるにもかかわらず、それをしないで愚痴を言う。そんな愚痴は、怠《なま》け者の自己正当化以外の何ものでもない。

このことは、家庭の中の問題だけに限ることではない。

仕事についても、人間関係全般についても、自分自身の生き方についても、同じことだ。
今の女性は、ある意味で男性より強いと私は思う。常に相手に何かを求める立場に立っているし、求めることを世の中も認めている。そのために、自分はこうしてほしい、自分はこうしたい、ということを臆面なく言える。

ところが、自分は相手に何をしてあげられるのか、相手に何を与えることができるのかはポカッと抜けていることが多い。

自分中心の自己主張であり、ひとりよがりの「幸せ探し」だ。そうとは気がつかず、あくまでも自分の思いを通したいと要求するのは、「あつかましさ」というものである。

そして、自分のことは省《かえり》みず、ひとりよがりに幸せを探すのは、まったくの「ないものねだり」だ。

私の言うことは辛辣《しんらつ》にすぎるだろうか。しかし、言わずにいられない。「あつかましさ」という強さしか持たない女には、本当の幸せはつかめないことは、世間を見渡してみればわかることなのに、彼女はそれに気づかない。

45●年齢を重ねることに誇りと喜びを持て

「ないものねだり」といえば、女性が「若さ」を求めることも、そのひとつだ。

「私も年だからね」

と、嘆きつつ、少しでも若く見せようとする。

「もう少し、私が若ければ……」

と、やりたいことをできないのは年齢のせいだと悔やむ。

中高年の女性が集まると、必ずと言っていいほど耳にする愚痴だ。

たしかに、年を取るということは、マイナスになることがある。体力は衰えるし、見た目も「寄る年波」には逆らえない。

若い人はいいなぁ、と私も思うことはある。学校で若い教師と生徒たちがキャーキャー言って笑い合っているのを見ると、若さには、なんとも明るい力があるものだと感じる。

しかし、だからといって、私は自分が年齢を重ねていくことを悲しいとは思わない。

若いということは、ひとつの価値であるが、それが転じて年を取ったら三文の価値もないと考えることは間違っている。

年を取ったら、取ったなりにメリットもある。年輪を重ねて、人間的にプラスになる部分もある。年を取るのも、悪いことばかりではないのだ。

私は髪の毛が白くなったのが、わりあいと早かったけれど、この白髪頭、けっこう気に入っている。テレビで印象に残るらしく、私の名前をご存じなくても、「あの白髪のばあさん」と人さまに覚えられる。

きれいな色の服をどんどん着るようになったのも、髪の毛が白くなってからだ。それまでは、ベージュやネイビーや、細かいチェックの柄などの、シックな感じの洋服が多かった。

でも、白い髪に地味な色では映えないなと思い、あるとき、それまではほとんど袖を通したことのないような、黄色やピンクのジャケットを羽織ってみたら、これがなかなか映えるのだ。

特にテレビに映るときは、明るい色のほうが白い髪にマッチする。最初はテレビ用の服としていくつか、色のきれいな洋服を揃えているうちに、普段にも着るようになった。

こんなことも、私が、年を取るのも悪くないと思うことのひとつだ。


人との関わり方も、年を重ねたからこその出会い、というものがある。

かなり前のことだが、小田急ロマンスカーの車中でのこと。

ちょっと素敵なジェントルマンがいた。七十歳を少し過ぎたくらいだろうか。

隣の席で、チラと見ると目が合った。あちらも、私のことが気になったのだろう。

その人が手にしていたのが船旅のパンフレットだった。

「この人、どんな人なんだろうな」

と、思って私は、

「旅行をなさるんですか」

と、声をかけた。待ってました、とばかりに、会話が始まった。

ご夫婦で、船旅を計画されているのだそうだ。なんでも、その人は慶応大学の名誉教授で、大学を退職した今は、週に一度だけ東京に出かけ、普段はのんびりと過ごされているということらしい。

見たとおりのジェントルマンで、ユーモアもある。

電車を降りるときに、

「今日はとてもいい日でした」

と、フランス語で言うあたり、なかなかお目にかかれない洒落《しゃれ》た人だった。

ただ、それだけのことなのだけど、私は、こういうのもいいものだな、と思った。若いころのようにドキドキする恋愛とはひと味もふた味も違う。

たまたま乗り合わせた車中で、ふわっとお互いに「空気」を感じ合う。男女であることを意識しすぎ、お互いに警戒をするということがないから、そんな余裕があるのかもしれない。若者には真似しようにもできない出会いだ。

それから、「恩返し」ができるようになったことも、私にとっては喜びだ。年を取ったことで得られる一番大きな喜びかもしれない。

若いときに、私は本当にたくさんの方に力を貸していただいた。しかし、その当時の私にはお返しのしようがなかった。相手のほうが経済力も社会的な地位もあるのだから、感謝するばかりで、こちらが差し上げるものは何もない。

「あなたにお返しをすることはできません。けれど、次の世代の人の面倒をみることでご恩返しをします」

と、当時、私は言った。

その約束を、年を経るごとに、実行できるようになったことが嬉しい。若い人が、当時の私と同じように、

「先生にどうお礼をすればいいのか」

と言えば、

「お礼なんていいのよ。あなたたちが、また次の世代の役に立つことをすれば、それが何よりの恩返しよ」

と教えてあげることもできる。

年を重ねたことを誇りに思うのは、そんなときだ。

46●熟年離婚は卑怯だと思う

年齢を重ねるとともに、人間は「成熟」しなくてはいけない。人生経験の乏しい若者たちよりも、知恵や精神力や人格がそなわっていて当然で、そこに大人の価値がある。

ところが、あるべき姿からほど遠い大人が多すぎる。

「熟年離婚」「中高年離婚」にも、私は成熟していない大人たちの姿を見る。

十数年前から、このことがマスコミで取り上げられることが多くなった。また、実際に熟年離婚をしたケースを見聞きすることがある。

私には、その人たちの心情がさっぱり理解できない。理解できないというより、共感するところがない。

熟年離婚は、女性から申し出ることが圧倒的に多いという。

夫が定年退職するときに、退職金を半分もらって離婚をする。それは長年、妻を務めた者としての当然の権利だ、と。なぜなら、これまで自分は何十年もこんな夫との生活に耐えてきた。別れようと思ったけれど、子供のことを思うと別れられなかった。

子供も成人したことだし、これからは自分は好きなように生きさせてもらいます。夫は今まで好きなように生きてきたのだから。

というのが、典型的な「熟年離婚」をする妻の言い分。

「耐えてきた」「我慢してきた」とはなんたる言い草、と言いたい。それでは何十年もあなたはただ耐える一方だったのですか、と聞いてみたい。

夫が働いている間は、給料を家に入れてくれるなら、少々のことは目をつぶろう、というのが本音にありはしなかっただろうか。

本当に我慢できなかったのなら、なぜもっと早くに離婚をしなかったのだろうか。

結婚したあとで、この人と一緒にいたら、自分らしく生きられない、自分のやりたいことはできない、と心から思ったのなら、仕切り直しをすることだって可能だったはずだ。

子供が不憫《ふびん》だから、自分には経済力がないから、とか理由があったにせよ、結婚生活を続けていくことを選択したのは自分のはず。

それなのに、自分は「被害者」だと言うのだろうか。

「耐えた」ことが本人にとっては美徳に思えるのかもしれないが、私に言わせれば、何十年も、「この人のことは嫌いだけど、仕方ないから一緒にいる」という気持ちを抱えて結婚生活を続けたことは、不誠実そのものだ。

もちろん、夫のほうにも責任はある。仕事のことしか考えず、家庭は妻に任せきりであったり、浮気は男の甲《か》斐《い》性《しょう》と女遊びをしたり、暴力を振るったり、ケース・バイ・ケース、夫の側にもそれなりに問題はあるだろう。

しかし、本当に許せないと思ったら、そのときに怒りはぶつけるべきだ。別れるべきだ。

熟年離婚を決めたある妻の言い分に、私はぞっとしたことがある。

「夫が定年退職した翌日に離婚届けを突きつけるの。それまでは、私は夫の世話は何から何まで見る。ひとりになった夫は、何もできなくて絶対に困るはずよ。それが、私のあの人への復讐なの」

なんと、あさましい言いようなのだろう。卑怯《ひきょう》なこと、この上ない。

復讐するために、夫に対する不満も怒りも笑顔の裏に隠していたとしたら、この人は夫を欺《あざむ》いただけでなく、自分自身にも嘘をつくことを強《し》いてきたことになる。

うまくいかない夫婦関係に耐えたことは、困難から逃げ出さない勇気ということとは違う。この場合、「耐える」のは、困難な状況に対して、受け身であり、状況に甘んじていることだ。

うまくいかないなら、さっさとやめたほうがマシだと、言いたいのではない。どういうシチュエーションであれ、困難にぶつかったときに、積極的に自分で難局を切り開くという能動の姿勢を持ってほしいのだ。

知恵と精神力は、復讐のためにではなく、問題を解決するために使うべきだ。

47●同心円でなく、重なり合う円をめざせ

血のつながりもなければ、育った環境も違う他人同士がくっついて、ひとつの家庭をつくろうとするのが夫婦。考えてみれば、夫婦の関係というのは究極の一対一の人間関係だ。

それゆえに、相性がものを言う。

おもしろいもので、夫婦の相性は傍目《はため》に映るとおりではないようだ。

誰が見ても「お似合いのふたりね」と思うようなカップルが早々に離婚をすることもあれば、反対に、「なんであのふたりが？」と思うようなカップルが末永く続くこともある。

私の場合はどうか、といえば、明らかに後者のタイプと言えるだろう。

結婚を決めたときに、友人たちから、「あのふたりは一年ともたないだろう」と言われた。

彼は電子工学のドクターコースに進み、研究中心の生活。おしゃれや流行には無頓着《むとんじゃく》で優等生を地でゆくタイプ。

かたや、私は女友達とおしゃれのテクニックを競い、ボーイフレンドたちとは恋の駆け引きを楽しむ、流行の最先端を行く女子学生だった。

明晰な分析をもとに、大学の講義のように話をする理論的な彼。

直観で感じ取ったことを、早口でまくしたてる私。

傍目にはまったく違う性格に見えたのも無理のないことかもしれない。

しかし、似た者同士ではないけど、相性はいいと確信を持ったから、結婚することを決めた。「一年ともたない」と言われたので、

「せめて三年はもたせましょうよ」

と、明るく新婚生活をスタートした。

相性のよさを感じたのは、対話を通してだった。話してみると、彼は専攻している理工系以外にも幅広い教養を持っている人だとわかった。

芸術、文化、人生についても語り合える相手が、ここにいたと思った。

そして、価値観が同じだったことがお互いの一番の決め手になった。

私たちは台湾の独立運動に携わっていたから、政治的な価値観、判断基準が一致することは非常に大事なことだった。理念が一致しないと、一緒には生きてゆけない。

政治に関してだけでなく、価値観はさまざまなところに働くものだ。何を美しいと感じるか、醜《みにく》いと感じるか。人間関係のあり方、人生の歩み方。「何を私たちは大事にしているか」というところも一致した。

子供を育てる時期にも、価値観が一致していることが私たちを一枚岩《いちまいいわ》にした。子育てで重要なのは、両親が同じ考えを持っていること。父親の言うことと、母親の言うことが違っていたのでは、子供に対して説得力はない。

夫婦になってからも私たちはとことん話し合い、意志の統一をした。

例えば、子供には日本語だけを教えること。親がバイリンガルだと、つい子供にも何カ国語も教えたくなるけれど、最初に覚える言語が思考力を決めるから、それが複数あってあいまいになるのはよくない。だから我が家では日本語を第一言語にする。

子供が二十歳になるまでは、絶対に甘やかさないこと。被害者意識を持たせないこと。

子供にとっては私たちは破綻《はたん》を見せない連合軍だった。とても親には勝てないから、子供たちふたりも連帯して、仲良くせざるを得ないというわけだ。

大事な価値観は一致していたが、その他のことで違っているところはもちろんたくさんあった。

何が違うといって、性格が違う。あるとき、私たちととても親しい人が、

「神か仏か周さんか」

と、彼のことを評したら、彼がすかさず、

「鬼か悪魔か金さんか」

の下の句で応じたことがある。ふたりはそんな関係だ。

夫は、私などよりもはるかに人柄がいい。滅多に怒ることがなく、誰に対してもおおらかに接することができる。絶対に譲れないことには、とことん頑固だけど、それ以外の細かいことに関してはきわめて寛大な人だ。

私は大きいことから細かいことまで、全部自分の好みというものがある。理不尽なわがままは言わないが、何に関しても自己主張がはっきりしている。

しかし、この違いも相性のうちかと思う。デコボコが合わさり、相補うことができる。

男と女はふたつの円だ。まったくの別の人格を持つ個人同士なのだから、同心円になることはあり得ない。何もかも重ならなくてはいけない、と思うとどちらか一方が無理して合わせるか、ふたり一緒に演じることになってしまう。

しかし、まったく接点のない離れた円をお互いに描いているのではカップルは成り立たない。

円と円が重なり合っているのが、理想の形なのではないだろうか。

どこが重ならなくてはいけないかは、それぞれ違う。自分たちにとって一番大事な何かが重なっていればいい。

そして、重なっていない部分に関して、お互いを認めることができれば、カップルとして人生をまっとうできると思う。

48● ペットではなく人が好き

何年も前から気になっていることがある。日本のペットブームは度が過ぎはしないだろうか。ペット様々の風潮が私は気に入らない。

愛犬家、愛猫家から反発を受けることを承知の上で言うが、犬や猫をかわいがることが愛情深さの証のように喧伝《けんでん》されるのはおかしなことだ。

グルメな猫に、とキャットフードがクリスタルのグラスに盛られて出されるコマーシャルを見ると私は異様に思うし、腹が立ってくる。

ペットのための葬式や結婚式まであるという。それがひとつの商売として成り立つことに、違和感を感じる。

ペット愛好家にとって、犬や猫は「家族同然」らしく、「餌《えさ》をやる」と言わず、「ごはんをあげる」と言う。我が子の自慢をすれば親バカと笑われるが、犬、猫の自慢は誰にもとがめられないと思うのか、大の大人が臆面もなく「うちの○○ちゃんはおりこうで」と犬自慢、猫自慢をする。

夫婦の唯一の共通の会話は犬がどうした、というだけ。

そんな人たちが、いくらでもいるのだ。

世の中の流れがいつのまにか、そういった風潮を許すようになった。経済状態がよくなって、人の生活に余裕が出てきたころからペットブームが生まれ、バブル経済の中で、それがさらに過熱したというわけだ。

その過程の中で、ペットは妙に高いところに位置づけられた。度の過ぎたペット愛好家は、ペットに依存しているようにさえ見える。

ペットの死に自分の生きる気力まで萎《な》えてしまう症状を「ペットロス症候群」というそうだ。先日もテレビのドキュメンタリー番組で、そんな人たちの特集をしていた。

口々に語るのは、ペットがどれだけ自分にとって大事な存在だったかということ。自分の心を満たしてくれるのは、何をおいても、犬であり猫だ、という様子だった。

かわいがっていたペットが死ねば、悲しいのはわかる。

しかし、それで自分の気力をなくしたというレベルになると、明らかに「依存」だ。会社に休暇届を出し、昼も夜も死んだペットの写真の前で、涙にくれるひとりの女性の姿に、あわれなものを感じた。

私が一番嫌なのは、極端なペット愛好者たちの、

「人間は裏切るけど、動物は裏切らない」

という考え方だ。人間本位の身勝手さだと思う。鳥籠に入っているペットに、私はしばしば牢に入れられている囚人を連想する。

相手が動物なら自分の心を傷つけられることもない。寂しいときも一緒にいてくれ、心を慰めてくれる、という。

これでは、動物愛護ではなくて、人間の自己愛にすぎないのではなかろうか。

人間同士のつきあいは、たしかに自分の思いどおりにはならない。傷つくこともあるし、相手を傷つけることもある。

だからといって人間と真剣に関わることを避けて、自分を裏切ることがないペットにひたすら愛情を注ぐというのは、「逃げ」だと思う。

人と関わることを面倒くさがり、自分になついてくれるペットに愛情の捌《は》け口

を求めている。

ペットを飼っている人がみんなそうだとは言わないが、ペットブームの陰には、少なからず、「人間嫌いの動物偏愛」の人々がいると思う。

今後、ますます増えていくような気もする。

人間に関心を持つ人がだんだん減っていくのではないかと私は危機感を抱く。

私ははっきりと言えるが、動物よりも人間が好きだ。ペットなどよりも、人間に関心があるし、愛情を注ぐ。

犬や猫が相手では人間は成長しない。

49 ● 人は人によってしか磨かれない

何歳になっても、人に関心を持ち、人と関わることに喜びを見いだせること。それは人間が豊かに生きるということにつながると思う。

うちの学校で教師をしていた女性がいる。去年（当時）、退職したが、年齢は七十歳近い。ご主人も退職をされ、子供たちはとっくに独立し、今は夫婦ふたりきりの生活。

その女性は、いろんなところにボランティアに出かけている。病院に入院している子供たちに勉強を教えに行くこともあるそうだ。

うちの学校にも、ボランティアで週に一度か二度来てくれている。学校の授業についてこられない学生に、補習で漢字を教えたり、ワープロを覚えたいという学生にワープロのマン・ツー・マン指導をしたり。

学生の誰かが誕生日だといえば、自分でお菓子を焼いてきてプレゼントをしたり、自宅に学生たちを招いてすき焼きをごちそうしたりする。人から遠ざからない暮らしぶりだ。積極的に、自分たちのできることを探して、それが人の役に立つ。

老後と言われる年代の人たちも、人と接することでより磨かれ、より豊かな心になれるものだ。

一般的には自分の子供の子育てが終わると、若い世代との接点もなくなることが多い。子供たちが連れてくる孫と遊ぶくらい、という人たちがほとんどだろう。

身内との関係だけでは、人間関係は広がらない。年を取ってからこそ、他人の子供や社会に目を向けていくべきではないだろうか。

イギリスの児童文学には、「老人と子供」の組み合わせがよく登場する。

子供の親たちは、現役で仕事をしているから忙しい。親にかまってもらえない孤独な子供たちがいる。一方、仕事を引退した老人たちも孤独を抱えている。

そんな子供たちと、おじいさん、おばあさんたちの交流を描いた物語がいくつもある。お互いの暇《ひま》な時間を、子供は老人によって、老人は子供によって、充実した時間に変えることができる。

中でも私が好きなのはフィリパ・ピアスの『トムは真夜中の庭で』（岩波書店）という作品である。弟がはしかにかかったため、叔母夫婦の家に預けられたトムは、ある晩、眠れぬまま真夜中の庭に迷い出て、ひとりの少女と出逢う。彼女との交流がトムの寂しさを癒すのであるが、その少女は夜ごとに成長して、次第に大人になっていく。

実はその少女とは、叔母夫婦のアパートの三階に住む老婦人の大家であり、トムは孤独で気難しいこの老婦人の夢の中に入り込んでいたのであった。トムはその夢の世界の中で、「時間が人間にもたらす変化」を体験する。そして、それまで関わりを持たなかった老女と少年が、お互いの人生を分かち合った、というひと夏の物語である。

子供というのは、おもしろいもので、自分の親から、ああしなさい、こうしなさいと言われたら、反発したくなるようなことでも、第三者から言われたら、スッと心に入っていくということがある。老人たちの「問わず語り」から、親や教師の言葉とは別の「教え」を子供たちは聞き取る。

子供は、これまで関わりもなく、遠い遠い存在に思えた他人とも、心が通じ合うことを身をもって体験する。貴重な体験だ。

日本でも、赤の他人の子供たちと交流を持とうとする老人がもっと増えてほしい。老人と交流を持とうとする、若い人たちももちろん増えてほしい。

高齢化社会を迎える、というと、年寄りばかりが増えて、その負担は若い者の肩にかかる、と暗い現実としてしか受け取れない社会では、先はない。

世代を超えて、人と人が接することで、お互いに豊かさを交換する。その気持ちが、どの世代の人にも必要なことだ。

ところが、老人と子供の間の世代の人たち、つまり、今の中年層の人々に、この意識が薄い。そこが今の日本の社会の弱点だと私は思う。

50 ● 自分をまっとうする生き方を選べ

私は、人の生きる道は「清く、正しく、美しく」であるべきだと思う。何を今さら、と思う人もいるかもしれないが、いつの時代でも、人間の基本は同じだ。おおかたの日本人は、清く、正しく生きている。まじめに働いて得たお金で暮らしているなら、清く、正しく生きていると言える。

なにも「清貧《せいひん》」でなくてもよい。高度経済成長を支えてきた世代には、たしかにエコノミック・アニマルと呼ばれる側面があったにせよ、必死に働いてきたことはまぎれもない事実だ。

ところが、経済成長に価値を置いた人たちはひとくくりに、拝金主義社会をつくった人たちにされている。それがそもそも間違っている。

賄賂《わいろ》を受け取る高級官僚や、利益を上げるために不正を働いた企業のトップたちの悪しき「拝金主義」とは明らかに区別されるべきことだ。

清く、正しく働いてきた人たちが、「我々は不正と無縁だったし、日本の経済の発展のために尽くしたのだ」と、誇りを持って語ればいいのに、なぜそうしないのだろう。高度成長で何を得て、何を失ったかを考え直し、今後の社会にそれらの教訓をどう生かすか、ということを堂々と語るべきだ。

しかし、社会の根底を担ってきた人たちが、モノを言わない。モノ言えば唇寒しと思うのか、「沈黙は金」が美徳のつもりなのか。

自分のやってきたことを自信を持ってまっとうする気がないのだろうか。

さらに言えば、他の人の無節操《むせっそう》さに対しても、声を上げない。

例えば、あれほど成田空港建設反対と叫び、一坪地主にまでなったような人たちが、今、国を代表して嬉しそうな顔をして成田空港から外国に飛び立ってゆく。

恥ずかしくはないのか、と私は言いたい。

もし私が成田空港建設反対と主張したら、絶対に成田空港は使わない。無理してでも関西国際空港でも福岡空港からでも、他の空港を使って旅行する。

無節操に態度を変える人はもちろんのこと、その無節操さを声を上げて指摘しないことにも問題がある。

正当な意見なら、自信と誇りを持って主張するべきだ。

それが、信念を貫くことであり、自分をまっとうすることでもある。「清く、正しく、美しく」の「美しく」は、そこを問うていると私は思う。

するべき主張が沈黙の中に埋もれる一方、おかしな主張は声高《こわだか》にされる。

「国を愛する気持ちが必要だ」と発言する人がいれば、「右翼化をうながす危険がある」と非難する。

なにかというと、「子供の人権」を持ち出し、子供に勝手気ままと自由をはきちがえさせるような主張をする。

そんな主張がまかり通っているのが現実なのだ。

しかし、こんな時代だからこそ、ひとりひとりが「まっとうするべき自分」を持つことが必要なのだ。深く考えることが必要なのだ。

ちょっと目に恰好のよい主張に、簡単に納得してしまってはならない。次から次へと押しよせる情報に踊らされてはならない。

どういう社会であるべきなのか。自分はその社会と、どのように関わって生きていくのか。自分の役割は何なのか。自分の頭で考え、決断することが何よりも必要なことだ。

自分をまっとうすることは、そこからしか始まらない。

「美しく」生きたかどうかということは、人生の最終総合点のようなものだと思う。

自分の選んだ道を、信念を持って歩ききること。

もちろんそこには、責任と覚悟が必要だ。

さらに、人の役に立ち、人と幸せを分かち合える人であること。

そんな人生を送ることができたら、「美しく生きた」と言えるのではないだろうか。

著者紹介
金 美齢（きん　びれい）
1934年、台湾生まれ。1959年に留学生として来日、早稲田大学第一文学部英文学科に入学。同大学院文学研究科博士課程修了。その後、イギリス・ケンブリッジ大学客員研究員、早稲田大学文学部講師などを経て、ＪＥＴ日本語学校校長を務める。現在、同校理事長。評論家。2000年５月～2006年５月、台湾総統府国策顧問。台湾独立を願い、日台の親善にも努め、政治、教育、社会問題等でも積極的に発言。テレビ討論番組の論客としても知られる。
著書に、『私は、なぜ日本国民となったのか』『日本ほど格差のない国はありません！』（以上、ワック）、『三家族11人で暮らしてみたら』『日本よ、台湾よ（共著）』（以上、扶桑社）、『入国拒否（共著）』（幻冬舎）、『「鬼かあちゃん」のすすめ』（小学館文庫）、『日本が子どもたちに教えなかったこと』『日本は世界で一番夢も希望もある国です！』（以上、ＰＨＰ研究所）など。

この作品は、2007年12月にＰＨＰ研究所より刊行された『凛《りん》とした生き方』（1998年に講談社から出版された『自分の人生、自分で決める』を改訂・改題）を文庫化したものです。本文中の組織名・役職名などは、一部1998年当時のものを使用しています。

PHP文庫　凛《りん》とした生き方
自分の人生、自分で決める

2011年3月17日　第1版第1刷
2013年3月6日　第1版第9刷

著　者　金　美　齢
発行者　小　林　成　彦
発行所　株式会社ＰＨＰ研究所
東京本部　〒102-8331　千代田区一番町21
文庫出版部　☎03-3239-6259(編集)
普及一部　☎03-3239-6233(販売)
京都本部　〒601-8411　京都市南区西九条北ノ内町11
PHP INTERFACE　http://www.php.co.jp/
組　版　朝日メディアインターナショナル株式会社
印刷所
製本所　凸版印刷株式会社

ISBN978-4-569-67602-9

PHP文庫好評既刊

子どもの心のコーチング

一人で考え、一人でできる子の育て方

菅原裕子 著

問題点を引き出し、自ら解決させ成長を促すコーチング。その手法を「子育て」に応用し、未来志向の子どもを育てる、魔法の問い掛け術。

定価五八〇円
(本体五五二円)
税五%